As Ilhas

Tradução:
Aimeé Amaro de Lolio

Preparação:
Marcio Honorio de Godoy

Revisão de provas:
Elen Durando

Capa e projeto gráfico:
Sergio Kon

Produção:
Ricardo W. Neves
Sergio Kon
Raquel Fernandes Abranches

Jean Grenier

AS ILHAS

Título do original francês:
Les Îles

© Éditions Gallimard, 1959

Dados Internacionais de Catalogação na Publicação (CIP)
(Câmara Brasileira do Livro, SP, Brasil)

Grenier, Jean, 1898-1971.
  As ilhas / Jean Grenier; [tradução Aimeé Amaro de Lolio]. – São Paulo: Perspectiva, 2009. – (dirigida por J. Guinsburg)

  Título original: Les îles.
  ISBN 978-85-273-0868-7

  1. Romance francês I. Guinsburg, J. II. Título. III. Série.

09-07140   CDD-843

Índices para catálogo sistemático:

  1. Romances : Literatura francesa   843

Direitos reservados em língua portuguesa à
EDITORA PERSPECTIVA S.A.

Av. Brigadeiro Luís Antônio, 3025
01401-000 São Paulo SP Brasil
Telefax: (011) 3885-8388
www.editoraperspectiva.com.br

2009

Sumário

9   O Filósofo e sua Sombra: Jean Grenier [Patrick Corneau]

53   Prefácio [Albert Camus]

AS ILHAS

65   A Sedução do Vazio
71   O Gato Mouloud
97   As Ilhas Kerguelen
109   As Ilhas Afortunadas
119   A Ilha de Páscoa
131   A Índia Imaginária
     132   Nem Lugar Nem Tempo
     136   A Índia e a Grécia
     143   A Iluminação
     150   A Realização

POST-SCRIPTA

157   Dias Extintos
163   As Ilhas Borromeu
167   Posfácio

O Filósofo e sua Sombra: Jean Grenier (1898-1971)

Patrick Corneau*

Ler Jean Grenier é, em primeiro lugar, descobrir um tom, uma voz que só a ele pertence – leveza, pudor, discrição, recusa em insistir, um sentido atilado da lítotes, uma ironia sutil, uma série de características que às vezes tendem a dissimular a profundidade do pensamento e a verdadeira importância da obra. Jean Grenier escreveu muito – umas cinquenta obras publicadas, cerca de trezentos artigos, apresentações, notas de leituras, monografias e críticas de arte que apareceram em revistas

---

* Doutor em Ciências da Informação e da Comunicação e professor na Université de Bretagne Sud.
Tradução Beatriz Sidou.

(NRF, *l'Oeil*, XXème *Siècle*, *Preuves*, *La Nef*), além de contribuições periódicas em *Combat* e *L'Express*.

Logo à primeira vista, impõe-se uma constatação: a pequena plateia atribuída a essa obra, que desconcerta por sua variedade, seu ecletismo, por seu não conformismo, sua recusa às modas. Grenier abordou todos os gêneros literários: o ensaio, o romance, a poesia, a autobiografia, a crítica de arte – mas de maneira original, inesperada, no limite de inúmeros gêneros. Assim, *As Ilhas* e *Inspirations méditerranéennes* (Inspirações Mediterrâneas) são ensaios, mas passam pela tangente de uma expressão lírica moderada. *Le Choix* (A Escolha), *L'Existence malheureuse* (A Experiência Infeliz), *Entretiens sur le bon usage de la liberté* (Conversas sobre o Bom Uso da Liberdade) são ensaios filosóficos em que a demonstração teórica chega a reter o alento da vida, a poesia do cotidiano. Até mesmo *Les Grèves* (As Praias), longa narrativa romanesca, apresenta-se como uma sequência de ficções com aparência de lembranças. Filósofo de formação – e filósofo de respeito – ele só se sentia realmente livre com os artistas, os pintores em especial. Sua obra testemunha a recusa em aceitar a separação entre as duas vias do conhecimento que são o pensamento e a intuição poética. O próprio texto de Grenier desconcerta, incomoda. Esse deslocamento no tempo e no espaço, essa maneira de expressar uma coisa por suas consequências ou por suas manifestações indiretas tinham pouca chance de serem entendidos pela maioria. Seu estilo, neste aspecto muito próximo da estética do Extremo Oriente, explica por que sua obra, durante muito tempo, foi mais lida no Japão do que na França[1]. Poucos meses antes de se suicidar, Mishima escreveu para Dominique Aury, então secretário de redação da *Nouvelle Revue Française* (NRF): "Adoro retomar a leitura de meu livro preferido: *As Ilhas*, de Jean Grenier".

As Ilhas e a Problemática da Obra

Entre as inúmeras obras publicadas enquanto Jean Grenier ainda vivia, desde a tese de doutorado sobre *La Philosophie de Jules Lequier* (A Filosofia de Jules Lequier) (1933) até *Mémoires intimes de X* (Memórias Íntimas de X) (1971), *As Ilhas* tem um brilho particular. É o primeiro, publicado em 1933, e

[1] "*As Ilhas* em japonês chamou minha atenção por causa da capa, mas me alegro em saber que, assim que publicado, o livro esgotou. Isto serve para confirmar que aquele povo, por mais que os sinólogos falem mal dele, é mais inteligente do que o nosso; de qualquer maneira, mais aberto, o que talvez seja a mesma coisa", carta de Etiemble a Grenier, 14 de maio de 1968.

mais conhecido de todos os livros de Grenier. Reeditado muitas vezes (1947, 1959, 1977), ele exerceu sobre muitos jovens e muitos autores – entre os quais, Albert Camus, que expressou sua dívida com o livro no prefácio da reedição de 1959 – uma influência ao mesmo tempo decisiva e secreta, que não se contradisse com o tempo. Camus declarou que *As Ilhas* tem sobre muitos livros mais célebres (*Les Nourritures terrestres* [Os Alimentos Terrestres] de Gide, por exemplo) uma superioridade que lhe assegura um futuro: "essas 'ilhas' podem ser relidas na maturidade sem que se deixe de sentir aquela vibração do ser que pode decidir uma vocação ou confirmá-la em sua exigência"[2].

Reunindo ensaios publicados na NRF entre 1929 e 1932, esse livro fundamental contém em germe todos os temas da obra futura e principalmente a problemática do pensamento do escritor: a bipolarização entre o Humano e o Absoluto. Sem falar de esquema orientador, pelo menos encontramos no surgimento da obra essa tensão (às vezes um dilaceramento) que orienta a busca pela verdade de Jean Grenier.

Antes de mais nada, Jean Grenier é alguém em busca da verdade; é exatamente uma concepção da verdade

[2] Extraído de uma homenagem transmitida pelo rádio por Camus, em maio de 1949 depois da atribuição do Prix du Portique a Jean Grenier, pelo conjunto de sua obra.

que se esboça e se formula em todo *As Ilhas* e nos textos que seguiram – *Inspirations méditerranéennes* e *A Propos de l'humain* (A Propósito do Humano). Concepção não dogmática, não sistemática que não se fundamenta na ambivalência, na multiplicidade ou mesmo no paradoxo. Para Grenier a verdade não está localizada num meio-termo, mas antes na tensão desses extremos apreendidos com intensidade: o Humano e o Absoluto, o Pensamento e a Existência, o Eterno e o Temporal, a Liberdade e a Escolha etc.

Ainda encontramos continuamente nos textos de Jean Grenier esse equilíbrio dialético entre uma aspiração ao Divino, ao Absoluto, ao Ser, ao que no homem não participa da mudança (o "aquilo" dos hindus) e o desejo de pensar no mais próximo do humano e, sem se perder, afrontar a riqueza do real animado e inanimado – o que Grenier chama de "mais próximo" – o sol, o mar, as flores, os animais, um soco, um olhar. Enfim, conciliar espírito e coração, cumprir as maiores exigências espirituais nos limites da existência. Empuxado para lá e para cá entre as duas postulações do Humano e do Absoluto, que não têm medida comum entre si, Jean Grenier – na primeira edição do *Ilhas* – se recusa a escolher uma em detrimento da outra. Por um lado, o livro ressalta a situação ontológica do homem no mundo, as diferentes maneiras de estar só (inicialmente, essa compilação receberia o título *Les Solitudes*

[As Solidões]) e, por outro, a atração pelo vazio, mas sem se pronunciar. Se Jean Grenier quis juntar dois ensaios curtos à terceira edição de 1959, sem dúvida é porque desejava mostrar que durante esse longo lapso de tempo ocorrera uma evolução em seu pensamento. Nesses dois ensaios ajuntados, a comunhão substituiu a solidão e a aspiração ao distante deu lugar à aceitação do que "está perto".

Como Jean Grenier conseguiu encontrar um ponto de equilíbrio, que enfim permite uma coesão interna e talvez uma relativa felicidade? Como, por meio da obra e ao longo dos anos, foi realizado o demorado "trabalho subterrâneo" que apaga ou desbasta os sofrimentos dessa nostalgia misturada com ternura[3] e com o sentimento de estranheza? Por fim, o que é "estar próximo"?

Para responder a essas questões, teremos primeiro de abrir um parêntese. Tentarei determinar o que é "o humano" para Jean Grenier. Depois, com o apoio dos textos maiores – As Ilhas, Inspirations méditerranéennes (e, parcialmente, o importante ensaio "Sagesse de Lourmarin" [Sabedoria de Lourmarin], publicado em 1936 em Les Cahiers du Sud [Os Cadernos do Sul], e neste ensaio retomado com o título "L'Herbe des champs" [A Erva

---

3 É sua definição "pessoal" de saudade em Lexique, Montpellier: Fata Morgana, 1981, p. 50.

dos Campos]), *Entretiens sur le bon usage de la liberté, A Propos de l'humain, Lexique, Les Grèves, Lettres d'Égypte* (Cartas do Egito), *L'Esprit du Tao* (O Espírito do Tao), *Entretiens avec Louis Foucher* (Conversas com Louis Foucher), *Mémoires intimes de X* –, examinaremos as fontes que alimentaram e formaram seu pensamento, permitindo que Grenier viesse a propor um humanismo que se empenhasse em amar o próximo na proximidade cheia de vida, na exigência do amor humilde, "aceitante" e caridoso.

O Humano segundo Jean Grenier

Sabemos que o humano não se deixa definir. Sim, para definir o humano, alguns autores se ativeram aos traços inferiores do homem, a seus instintos mais baixos, sua força brutal. Assim os moralistas franceses que, no século XVIII, unidos em um mesmo pessimismo, entraram em rivalidade no desprezo pela inanidade e pelo caráter heteróclito do eu. O homem é um fantoche e jogo de pulsões diversas – sociais ou individuais – que, o mais das vezes, são irracionais. Nessa linha, a abordagem kantiana, também ela totalmente negativa, insiste na finitude do homem: incapacidade de saber, deixar de encerrar a ação, incerteza da esperança. Para outros, como Nietzsche, o homem não é mais do que uma transição. Zaratustra repete o que ele afirma: o homem segue em direção ao super-homem, o homem é algo que deve ser superado e a corrente ascendente da Vida é o trampolim em que ele está sempre quebrando seus ideais para criar novos. Em Nietzsche, o profetismo do super-homem é otimista.

Para Grenier, essas duas concepções extremas se distanciam do humano. A posição intelectual e supra--humana de Nietzsche é tão pouco humana quanto a força brutal. Para Grenier, é a manifestação da *hybris* dos gregos, daquele "sentimento desmesurado nos espíritos que leva ao desmedido nos atos e causa a perda do homem. Esse imperialismo biológico contrasta com o comedimento que é o mérito supremo aos olhos dos Antigos e a pedra de toque das ações humanas: nada de mais!"[4]. Grenier desconfia do poder contido nos extremos: para ele, o humano jamais ultrapassa as medidas e nada tem de "sobre-humano" ou "heroico". Ele se manifesta pelos sinais privilegiados do homem que se dirige a outros homens – "o olhar, o sorriso, o aperto de mão"[5]. Portanto, por meio de um gesto simples, banal, dirá Grenier,

---

4 *Réflexions sur quelques écrivains*, Paris: Gallimard, 1973, p. 71.

5 *A Propos de l'humain*, Paris: Gallimard, 1955, p. 194.

mas bastante difícil. Negligenciados ou esquecidos pelos habitantes dos países da Europa industrial, que muito voltados para o futuro vivem mal o presente, esses gestos ainda estão em uso nos países mediterrâneos.

"A sabedoria popular do Mediterrâneo pode renovar o homem", imagina Grenier. Sabe-se que a atitude desse homem foi escolhida por Camus como resposta em *O Homem Revoltado* (1951, dedicado a Jean Grenier). Camus começou pela revolta, pelo desmesuramento, e terminou encontrando a medida. Do solitário que era, tornou-se solidário: *A Peste* (1947) apareceu depois de *O Estrangeiro* (1942). À semelhança do mestre, ele também foi atraído pelo Absoluto, pois a revolta – e Grenier viu isso muito bem – não é senão uma variante da busca pelo Absoluto. Grenier e Camus, de distantes que eram, tornaram-se próximos; próximos principalmente no amor pelo Mediterrâneo que os reuniu.

Para Camus, aproximar-se era apenas ater-se ao espírito mediterrâneo. Para ele só existe um tipo de homem que pode opor-se ao "homem russo" e ao "homem atlântico": o "homem mediterrâneo". O homem dos limites por excelência, o homem do equilíbrio, da serenidade – "um extremo bem temperado" – para quem a única felicidade é a felicidade terrestre. Para Camus, homem do Mediterrâneo, essa sabedoria muito humana se originava na terra que o criara. Pregar o espírito mediterrâneo era voltar às origens, à terra natal.

Se há um paralelo tentador a fazer entre os dois autores, as coisas são menos simples para Grenier, pois o que alimentou e formou remonta a fontes mais complexas, ao mesmo tempo geográficas e espirituais. Entre estas, é preciso contar à parte a Bretanha e o Mediterrâneo, a terra de eleição e a terra de adoção –, o cristianismo e o Oriente taoísta. É preciso estudar cada uma dessas fontes.

O Mediterrâneo

Como o demonstra o importante ensaio *Inspirations méditerranéennes* a ele dedicado, Grenier era apaixonado pelos países mediterrâneos. O Mediterrâneo foi sua terra de adoção. Nascido em Paris e instalado na Bretanha quando tinha apenas dois anos, Grenier só descobriu o Mediterrâneo na primavera de 1923. Ele já havia ido a Roma em 1921, mas foi a Provença francesa que primeiro lhe revelou, naquele mesmo ano, a característica especial das terras mediterrâneas. Naquele mesmo verão ele visitou Veneza com Louis Guilloux[6] e em outubro embarcou para a Argélia, onde assumiria um cargo de professor.

6 Cf. L. Guilloux, *Absent de Paris*, Paris: Gallimard, 1952.

Embora tenha vivido em Paris desde 1915, Grenier acreditava pertencer à Bretanha. Foram as viagens empreendidas em 1923 que o arrancaram ao fascínio da terra "que, com suas charnecas isoladas e lânguidas brumas, com tudo o que há de informe e indefinido, sugeriu os sonhos nebulosos de Chateaubriand, as oscilações intelectuais de Renan, um equilíbrio instável do espírito, uma emoção sem contorno"[7].

Ao contrário, o mundo mediterrâneo lhe ofereceu de cara uma afirmação da vida em seus aspectos físicos e, em seguida, um sentido do limite e da proporção. "Uma configuração sensível para o coração – este é o espírito mediterrâneo. O espaço? É a curva de um ombro, a oval de um rosto. O tempo? É a corrida de um jovem de um extremo a outro da praia. A luz recorta seus traços e gera os números. Tudo concorre para a glória do homem"[8].

Grenier deixou para trás a Bretanha, rejeitando-a deliberadamente junto com as meditações metafísicas nele induzidas por ela. O mundo não é mais este grande Todo do qual o homem está separado pela consciência, mas antes o único domínio da humanidade, no qual pode ser experimentada uma verdadeira "coincidência de mim mesmo com o homem"[9].

7 *Inspirations méditerranéennes*, Paris: Gallimard, 1961, p. 100.
8 Idem, p. 88.
9 Idem, p. 89.

A isso se junta o elemento importante do que se poderia chamar de mística da natureza com a experiência de êxtases emocionalmente positivos dos quais "Dias Extintos"[10] oferece um exemplo. São experiências positivas de harmonia com o Ser, que pontilham a vida e às quais Grenier fará constantes referências em sua obra[11]. Essa afirmação triunfante pouco tem a ver com as ideias de absorção ou de alerta fora do mundo ilusório inspiradas pela Bretanha. Em "As Ilhas Afortunadas" a afirmação é "Ganhei"[12]. Daí em diante, o indivíduo humano está no centro, e o momento, o instante, é tudo. Experiência de um tempo estagnado, de "música sem instrumento", de uma "harmonia com nada"; instantes de felicidade total, essas fulgurações serenas escondem a angústia, pelo menos por um momento. Os povos mediterrâneos possuem uma terra tranquilizadora, porque rica das certezas que se chamam sol, mar, beleza dos corpos.

10 Ver infra, p. 157-161.

11 Os "momentos privilegiados" ou "instantes" são uma espécie de harmônica vital que se reencontra a cada livro, principalmente em *Les Grèves* e *Jacques* – mas também em *Inspirations méditerranéennes*, *Voir Naples* (Ver Nápoles), *Célébration du miroir* (Celebração do Espelho), *Mémoires intimes de X* e *Mes candidatures à la Sorbonne* (Minhas Candidaturas à Sorbonne).

12 Ver infra, p. 109-117.

Contudo, o humanismo é mais do que a intensidade de uma presença física. Com o tempo, a perfeição dos contornos pode ser mais sufocante do que tranquilizante. Grenier encontra no Mediterrâneo uma outra qualidade: o sentido da perfeição do qual testemunham a dominação do homem sobre a natureza e as obras de arte da Era de Ouro da Grécia. No capítulo "La Même lumière" (A Mesma Luz)[13], Grenier exalta a tradição grega de "comedimento", preservada, apesar da extravagância de Roma, na arquitetura romana da Provence francesa. O personagem Cornelius recorre a essa tradição grega em *Inspirations méditerranéennes* para combater a atitude aparentemente negativa de seu correspondente. Em resposta à máxima "Tudo é equivalente: portanto, não façamos nada", ele retruca: "Se tudo é igual, por que não uma obra em vez de uma contemplação?". Referindo-se à arquitetura de Atenas, diz que "esses edifícios [...] começam por criar sua ordem e a vida também lhes é proporcionada".

O humanismo não é unicamente uma visão antropocêntrica do mundo, ele contém também um elemento criativo. Em "Cum apparuerit", Grenier proclama que em Provence "o homem se une ao homem apenas para fundar [...] Todo o mundo aqui nasce arquiteto. E a

13 *A Propos de l'humain*, p. 155-165.

paisagem é uma construção"[14]. Os verbos construir e criar são inseparáveis da concepção que tem Grenier do humanismo mediterrâneo, mas eles devem ser compreendidos em correlação à ideia de comedimento e não como a manifestação da fartura do homem. Os textos e artigos dessa época insistem particularmente na tradição grega do humanismo: "A herança helênica é o único universal", declara Jean Grenier.

O ensaio "Interiora rerum", escrito em 1927, pouco depois de uma estadia em Atenas, é a melhor ilustração da acolhida de Grenier à Grécia. A impressão dominante que nele permaneceu foi "esse tênue ponto entre todos em que o espírito e o coração estão paralisados, em que o amor à vida e a submissão ao destino se equilibram de maneira a prevenir orgulho ou humildade sem medidas"[15]. A lição da Grécia antiga reside no equilíbrio entre uma aceitação da vida em sua profusão e seus contrastes e o que Grenier chama de "retitude", uma ordem imposta pelo homem à vida. "Aí está o equilíbrio grego [...] quero dizer o equilíbrio humano, quero dizer o nosso equilíbrio"[16]. Depende da

[14] "Cum appareurit" foi publicado em 1930 na revista *Les Terrasses de Lourmarin*, n. 19, retomado com o título de "Initiation à la Provence", *Inspirations méditerranéennes*, p. 93-94.

[15] Citado em, "Penser à la figure humaine", *Inspirations méditerranéennes*, p. 137.

[16] Idem, p. 125.

justa compreensão da situação do homem, da relação que o liga à eternidade. O homem não é desvalorizado nessa perspectiva, mas claramente visto em suas limitações. No homem grego, a consciência de sua finitude é a origem da ordem disciplinada cujo contraste é tão notável em relação à imprecisão da arquitetura e da escultura indiana. Para os gregos "a vida humana não é realmente senão um emblema de algo eterno [...] no olhar humano se cruzam dois mundos"[17]. E o homem está plenamente consciente de apegar--se a esse ponto de interseção. Para os indianos essas fronteiras precisas não existem, de modo que escultura e arquitetura se fundem uma na outra. "São as germinações da pedra, como esta, da natureza. Rochedos, baixos-relevos, estátuas, frescos: um só bloco"[18]. A humanidade não tem lugar próprio nessa concepção do universo. Em lugar de uma tensão, é uma continuidade. "Onde está a fragilidade dos amores ameaçados?"[19]. Paradoxalmente, a Grécia preserva esse sentido da fragilidade e da compaixão na incomparável firmeza de sua arte. Essa clareza, essa confiança falam tanto do que está ausente, subjacente e do que é desconhecido quanto falam da realidade presente. Grenier exalta esse aspecto

17 Idem, p. 129-130.
18 Idem, p. 130.
19 Idem, p. 132.

na atitude dos gregos diante da morte: "Esses rostos meditativos e delicados [...] nos aconselham a aceitar. Não podemos nos superar senão dentro de nossas fronteiras [...] Que beleza há num olhar que sabe não se desviar do inevitável e que sabe não insistir demais nisso"[20].

O apelo do humanismo mediterrâneo, ilustrado de modo exemplar pela Grécia, não reside apenas em sua vitalidade criativa, mas também e particularmente na consciência aguçada dos limites em que ela se expressa. Este é o contexto em que devem ser entendidas as afirmações de "As Ilhas Afortunadas" e dos outros ensaios de *As Ilhas*. Essas ideias serão retomadas no *A Propos de l'humain*, quando Grenier proclama que "o humano reside em uma fissura" e que "o humano não tem o caráter da realização [...] O insucesso é a marca do humano"[21]. Em *Sur la mort d'un chien* (Sobre a Morte de um Cão), ele fala da "margem do humano". O homem é mortal, limitado, incompleto, pois sua natureza é tão cruelmente amputada pela morte: "Todos os homens fracassam, mesmo os que obtêm sucesso"[22].

A certeza da morte, a existência incerta do Absoluto subtendem o humanismo construtivo da civilização mediterrânea em que os valores positivos repousam sobre

20 Idem, p. 134-136.
21 Paris: Gallimard, 1957.
22 *A Propos de l'humain*, p. 197.

um alicerce de desespero. Foi justamente esse "tremor que perpassa em *As Ilhas*" que abalou tão fortemente o jovem Albert Camus, como testemunham essas notas de leitura enviadas a Grenier em uma carta de 1933:

> Ilhas à deriva – e ilhas que muito desejariam fixar-se. Todo o livro tende a uma unidade bem mais do que nela se estabelece [...] E como este livro é desesperador: um vazio. Nada em que se possa descansar e mentir para si mesmo – "nem fé, nem piedade, nem amor" [...] não, nem mesmo o orgulho. Uma preparação para o grande salto. Também nenhuma dor: um fato cegante que a torna inútil, um fato incômodo, brutal mas natural: o homem e a morte[23].

O humanismo que Camus aprendeu de Grenier não estava separado de um verdadeiro sentido da condição humana em que a vida é afirmada ao mesmo tempo que a morte. Aparentemente a vida é apresentada como valor único, mas está sempre e desde já minada pelo fato irrefutável da morte. Daí o caráter ambíguo da luz mediterrânea. Se ela representa a plenitude da vida, seu brilho implacável sublinha a fragilidade e a finitude do homem fazendo-o lembrar a incomensurável perfeição inacessível do Absoluto. Em "As Ilhas Afortunadas", Grenier fala de uma "luz sem esperança"

---

23 A. Camus; Jean Grenier, *Correspondance 1932-1960*, Paris: Gallimard, 1981, p. 13-14.

que obriga o homem a buscar refúgio em diversas formas de religiões de caráter humanista: a alternativa seria sucumbir à vertigem do Absoluto ou adotar uma atitude de indiferença, mas árida e desumana – da qual sabe-se que necessariamente termina em uma forma de suicídio por abstenção. Se essa alternativa é rebatida, Grenier sugere que o melhor que se pode esperar é essa tentativa momentânea de "grandiosidade" em que o homem coincide consigo mesmo: "Vivamos apenas para esses instantes em que está furada a frágil película que todos os dias nos esconde nossos mistérios interiores. Do fundo dessa desolação brotará uma cantiga"[24].

A vida humana é essencialmente uma desolação, mas sobre esta podemos erguer algo de glorioso. Grenier não tem nenhuma ilusão a respeito da fragilidade essencial da vida humana, mas está pronto – quando ocorrem esses momentos fugidios de graça – a considerá-la provisória, ou mesmo secundária. Assume o risco, por pouco que seja prolixo em relação a ela, de ver seu caráter ilusório reaparecer então: "Se me demoro no que é humano, tenho a infelicidade de ver o que mais me agradava se fazer em pedaços"[25].

---

24 *Inspirations méditerranéennes*, p. 70.
25 Idem, p.102.

O Cristianismo

Grenier é um discípulo dos Antigos; seus escritos, marcados pela inquietação metafísica, são acima de tudo poéticos e filosóficos. Embora procure na natureza um meio de união com o Absoluto, ele não consegue se afastar das formas e não consegue impedir-se de desfrutá-las esteticamente; pois ele se interessa muito pouco pelo individual. Para ele, o divino mais parece uma aspiração do que uma realidade[26]. Camus, que o conheceu de muito perto, jamais o considerou um verdadeiro fiel.

Seria preciso concluir que os sentimentos de Grenier são mais poéticos, pagãos, panteístas do que cristãos? À leitura dos escritos de juventude e das obras da primeira maturidade, às vezes se é tentado a acreditar nisso. O Absoluto de que ele tanto fala permanece uma expressão vaga, que não pode ser identificada com um Deus pessoal; não emana necessariamente do "espírito" mas nos faz muitas vezes pensar em uma intuição panteísta que tem sua origem na "Natureza". Também não se poderia considerar Grenier um místico cristão pelo fato de ter estado sujeito a intuições especiais que

---

[26] "Minha natureza íntima não é totalmente religiosa, o que não exclui a aspiração à religião", *Mémoires intimes de X*, Montpellier: Fata Morgana, 1985, p. 64.

o transportavam para fora do tempo e sem as quais ele mal suportaria a temporalidade comum. Sabe-se que essas experiências não são necessariamente cristãs. Certamente o "eu" profundo que elas revelam é sinônimo do Absoluto. Mas a que Deus este se identifica? Para Grenier, o mais das vezes esse Absoluto é mui simplesmente sinônimo de perfeição. É como um ponto para onde tudo converge, mas não pode ser definido. Não seria possível concluir nada em relação a ele.

Contudo, em sua obra póstuma, *Mémoires intimes de X*, uma espécie de testamento espiritual, Grenier faz algumas confissões essenciais para a compreensão do que foi sua atitude interior. Assim, podemos ler que, malgrado a complexidade do dogma cristão, Grenier continuava a crer – com nuances e reservas consideráveis – na verdade do cristianismo.

Embora aí se revele cristão, é com prudência e pudor infinito. Idealista, sua ironia natural o impede de ceder muito facilmente ao Absoluto que poderia ser apenas um refúgio estético ou até mesmo indício de uma incapacidade disfarçada por um álibi[27]. Ele percebe muito bem como sua fé está enraizada num temperamento solitário e pessimista; Grenier demorou muito para se dar conta de que o cristianismo é

---

[27] Sobre essa questão, ver desdobramentos semelhantes em *Les Grèves*, Paris: Gallimard, 1956, p. 433 e s.

uma "religião alegre" – quando só lhe havia sido mostrado sua tristeza. Ainda que tenha declarado não se orgulhar muito de ser católico[28], há nele um apego ao catolicismo que depende do simples desejo de permanecer fiel à fé de sua infância ou à tradição francesa[29]. O simplismo de uma doutrina aperfeiçoada por todos e por ninguém e a exagerada valorização de ritos o impedem de sentir-se à vontade – ele desejaria encontrar no cristianismo vivido um conhecimento de transformação interior, mas este se mostra um sistema doutrinário e legalista.

Sendo a fé subjetiva e intuitiva mais do que racional, não é possível comunicá-la, nem julgar sua profundeza e qualidade. Grenier percebeu isso muito bem – ele gostava de citar a frase que Dostoiévski pôs na boca de Nicolas Stavroguine em *Os Demônios*: "Quando ele acredita, não acredita que acredita, e quando não acredita, não acredita que não acredita"[30].

28 Etiemble conta que Grenier lhe dissera: "Eu sou católico. Mau católico. Católico por medo. E excessivamente pessimista. Você teria um excesso de otimismo. No fundo, você continua sendo um iluminista", *Nouvelle Revue Française*, n. 221, maio 1971.

29 E isso o aproxima de Descartes, que dizia ter "a religião de sua ama de leite".

30 Frase citada em epígrafe de *Mémoires intimes de X*.

Justamente porque nele espírito crítico e fé andam lado a lado, Grenier sempre sentiu que não tinha o direito de fazer qualquer tipo de pressão para fazer qualquer pessoa arriscar sua fé. A ideia de proselitismo ou propaganda sempre lhe foi estranha: "inclusive eu tinha horror a isso. Tentar fazer os outros compartilharem as ideias é uma barbárie!"[31] – o que vai muito bem com a humildade da fé, ainda que essa atitude seja antagônica em relação à dos "grandes autores católicos", então fiéis reflexos de uma Igreja poderosa. Além disso, o que retém Grenier na expressão de sua fé, afora sua prudência e discrição, é o onipresente risco de perversão da fé na ortodoxia. Em *Essais sur l'esprit d'orthodoxie* (Ensaio sobre o Espírito da Ortodoxia), publicado em 1938, Grenier insiste – para denunciá-lo – no valor de exclusão que é parte integrante da ortodoxia. Ainda que o propósito da obra seja mais político do que religioso, o que visa a crítica e os termos em que ela se aplica, identifica as duas realidades sob um conceito que originalmente pertence ao domínio religioso.

Não obstante, se tivéssemos de classificar Grenier entre os autores cristãos, por educação e por temperamento, ele certamente estaria ligado à corrente que, desde Santo Agostinho e passando por Pascal, enfatiza

---

31 *Entretiens avec Louis Foucher*, Paris: Gallimard, 1969, p. 76.

a consciência do trágico na condição humana. Aliás, é para escapar da angústia que é forçosamente seu corolário que Grenier sentiu-se em parte atraído pelas religiões orientais que lhe pareciam mais de acordo com sua compleição. Contudo, ele não deixava de enxergar a dificuldade de tal empresa: "Não me espanto mais tanto por aspirar à quietude e professar o quietismo – eu, que sou o último a conseguir adquirir o sossego. Nossas opiniões em geral não passam de reflexo de nossas esperanças e não de nosso comportamento"[32].

É melhor aspirar a outra coisa, não se poderia mudar radicalmente o eu profundo; até certo ponto, cada um continua sendo o que é. Assim, o narrador de *Ilhas* desejaria tornar-se indiferente como o gato que observava a fim de conseguir unir-se ao Todo, mas não conseguiu deixar de se tornar próximo do animal de maneira humana e cristã – a doença e a morte do gato o fizeram sofrer.

Se os problemas do sofrimento e da liberdade estavam no centro de sua angústia de fiel, o ceticismo jamais tocou Jean Grenier – mesmo que em um ou outro de seus escritos se possa reconhecer uma ponta de ceticismo *à la* Montaigne: "Eu acreditava na verdade e que esta verdade valia que se dedicasse a vida

---

[32] Cf. *Mémoires intimes de X*, p. 120.

a ela"[33]. Nele a incerteza e a dúvida nada têm a ver com um ceticismo radical. Como já dissemos, é precisamente a dúvida atuante do mestre que tocou o discípulo Camus, ao passo que a proclamação ou o ardor prosélito o deixavam indiferente. Se a modéstia é uma vocação do espírito, em Grenier ela é manifesta em sua posição sobre o problema da escolha: ele não admitia a tese muito contemporânea de que cada homem é absolutamente responsável por si mesmo. Ele achava esta uma postura de soberba – se somos realmente responsáveis por muitas coisas em nós e em nossa vida, também há muitas outras pelas quais não somos responsáveis. Como pensava Camus, não precisamos ser recompensados pela escolha que podemos fazer por nós mesmos, se ela estiver de acordo com a nossa dignidade. Uma das originalidades de Grenier é que, hoje, em vez de pronunciar em público a palavra "justiça", ele certamente preferiria pronunciar a palavra "misericórdia" ou "bondade". Assim, é inútil insistir na compaixão do narrador em relação ao açougueiro condenado pela doença em "A Ilha de Páscoa"[34], esse homem que representa a humanidade infeliz e que ao mesmo tempo tem um outro eu interior. À sua maneira, este ensaio propõe a questão

[33] Idem, ibidem.
[34] Ver infra, p. 119-129.

fundamental: como conciliar o bem e a felicidade? E *As Ilhas* em seu conjunto apresenta um bom exemplo dessa dolorosa relação entre a verdade e o trágico da vida. Grenier tem para isso uma resposta lenta. Ao contrário dos dogmatismos, ela reúne o Tao, o Zen e, no final das contas, o Evangelho; ou melhor, não há resposta, mas um convite ao alerta permanente:

> Quem não está feliz não pode ser misericordioso. Levei muito tempo para compreender e só compreendi isso nos últimos anos: quem deseja ser bom deve começar por trabalhar em prol de sua própria felicidade e não esforçar-se por meio de um trabalho ingrato sempre questionado para realizar a felicidade dos outros[35].

A Tentação do Oriente: O Taoísmo

Herdeiro da Grécia e de Roma, o cristianismo parece distinguir-se das religiões orientais pela importância que atribui ao indivíduo. Contudo, ambas – tanto a civilização grega como a civilização cristã – rejeitam o sobre-humano. Segundo as duas, o homem

---

35 *Mémoires intimes de X*, p. 85.

não vale pela "extensão de seu ser, mas por seu aprofundamento"; portanto, que o homem reconheça sua própria fragilidade, que aceite seu destino, que seja comedido, que tenha pudor – enfim, qualidades puramente humanas – e esta será a maneira de ser verdadeiramente homem.

Já indicamos que a concepção do humano é a mesma em Grenier e em Camus, sendo para os dois sinônima de medida, de simplicidade fraternal, de circunspeção. Contudo, o valor que lhe atribuem difere em um e outro. *A Peste* é um apelo à solidariedade humana para combater o mal. Graças aos "homens" a cidade é salva; não há nada mais além do plano humano que, para Camus, constitui um fim. Em compensação, para Grenier, o humano não é senão meio, mediação; para ele o fim verdadeiro é o Absoluto. Assim, apesar da admiração que sente por sua terra de adoção, o Mediterrâneo, símbolo da exatidão (*Akrivie*, em grego), ele jamais conseguiu afastar-se da influência da Bretanha que, ao contrário, simboliza a indeterminação, a evasão, o sentimento do infinito.

É também uma das razões pelas quais, ao contrário de Camus, cuja admiração ia somente até a civilização da Grécia e que jamais mostrou interesse por aquelas cuja característica é o desapego à vida, permaneceu sempre vivo o interesse de Grenier pela civilizações do Leste que, desdenhando razão e ação, tomam o Absoluto como único fim.

Depois da Índia, descoberta aos 17 anos através da leitura de Schopenhauer e do estudo do sânscrito[36], sua atenção se volta para a China. Sabe-se que em 1959 ele publicou *L'Esprit du Tao*[37], uma antologia comentada que, no dizer dos especialistas, é uma das melhores, talvez a melhor de todas. À medida que se familiarizava mais com a sabedoria oriental, especialmente com o Tao, Grenier percebia as ligações ocultas que unem o humano e o Absoluto, esses dois domínios que lhe haviam parecido inconciliáveis. Sabemos que o Tao ensina o *wou wei*, que significa menos a inação do que a ação desinteressada: ao contrário da concepção ocidental – ou seja, baseada na aquisição de bens mundanos e na ambição –, a ação se torna uma espécie de mediatriz entre o humano e o Absoluto.

Por outro lado, o sábio taoísta é ao mesmo tempo filósofo e santo; situa-se portanto entre o humano e o Absoluto. O Tao não define o Absoluto. É uma religião sem metafísica, sem esperança, que ignora a noção do

[36] Jean Grenier resolveu estudar o sânscrito entre 1923 e 1924. Traduziu "O Cântico do Ladrão de Amor", do poeta Bilhana. Esse trabalho foi publicado em 1945 na revista *Cahiers du Sud*, sob o pseudônimo Joseph Grimaldi.

[37] Publicado pela Flammarion, coleção Homo Sapiens; reeditado em 1973 na coleção Champs, de bolso.

pecado. No entanto, indica o caminho para ter acesso por meio de algumas sugestões. Eis algumas:

1. A natureza é boa em seu princípio original. Deve-se confiar nela. Por "natureza", é preciso compreender a espontaneidade, não a selvageria.

2. Nada de revolta. Não se deve imitar a natureza no que ela tem de episódico e de acidental (tempestades, destruições), mas em suas constantes. Em primeiro lugar, uma filosofia desse tipo poderia fazer acreditar na sabedoria popular que louva mediocridade; contudo, é também a "metriopatia" greco-romana, essa constância que permite ao sábio – seja ele epicurista, estoico ou cético – permanecer igual a si mesmo nas situações mais antagônicas. Ela expressa a desconfiança do homem diante do desequilíbrio e das desordens que podem criar os extremos.

3. Não devemos confiar em nossas próprias forças – as forças que não consumimos mas que acumulamos são uma fonte de confiança e energia. Se é preciso exagerar, que o homem o faça no sentido do menor e não no sentido do maior. O sábio sabe esconder seu próprio valor; sem procurar consumir a vida em desejos estéreis, ele viverá naturalmente na obscuridade e não terá a pretensão de renovar o mundo. Aí se reconhece o homem da "vida secreta" de "As Ilhas Kerguelen"[38] para quem falar de si, participar

---

[38] Ver infra, p. 97-107.

da comédia social, é trair o que a pessoa tem de mais precioso.

4. Mais vale ser passivo do que ser ativo. A paz se obtém por meio do abandono ao movimento do mundo. Não alcançar senão aquele que sabe tomar seu partido nesse movimento e não teima em desejar que ele pare. Não obstante, abandonar-se à corrente que nos leva não é tão bom como se acredita normalmente – ao contrário, isso exige um aprendizado muito demorado: o nadador pouco a pouco aprende a ter confiança na água que o carrega.

5. É sempre necessário ter em vista a unidade. Para isso, é preciso aprender a tornar-se "indiferente". Como já indicamos, a indiferença gratuita e total pode levar à demência. Por tradição, o ocidental é racionalista e sua indiferença, se existe, é orientada em vista de algo ou, antes, alguém. Ele tem de aprender a experimentar um desapego gratuito, sem pensar em mais nada (nos cristãos, o pensamento subjacente é a esperança da vida futura), sem o que terminará por não ver mais a Unidade. O sentido da Unidade é exatamente o que mais falta em nossa época, seja no domínio moral (não há verdadeira comunhão entre os humanos, porque se deixa de tomar as distâncias consigo e com os outros), metafísica (perda de contato com o Cosmo) ou literária (análises sutis, mas estéreis em detrimento da síntese significativa).

Como se vê, as qualidades sobre as quais o Tao atrai a atenção, constituindo o "caminho" (a "via", segundo Lao Tsé) em direção ao Absoluto, são qualidades eminentemente humanas. Elas evidenciam a fragilidade do homem em relação ao divino. Desde então, daí se conclui que o homem mais humano é também o homem mais próximo do divino. Por outro lado, daí se destaca o fato de que o humano e o Absoluto, longe de constituírem extremos, são domínios muito próximos um do outro; que a busca do Absoluto leva ao humano e, inversamente, o aprofundamento do humano conduz ao divino. Assim Grenier pode escrever: "São Francisco desceu tanto no humano, que terminou tocando o divino"[39]. Para chegar a um de seus domínios, não é preciso perder o outro de vista. Por sua vez, os deuses têm necessidade do humano: Angelus Silesius sempre repete em seus dísticos que o divino não pode passar sem o humano. Se castigam os que desejam igualar-se a eles, os deuses se permitem descer à terra e misturar-se aos homens. Jesus é apenas um exemplo; na Índia, as reencarnações são realidades cotidianas.

Como todas as religiões orientais, o Tao difere do cristianismo concebido pela teologia positiva de observância aristotélica que considera Deus ora "razão suprema", que basta para explicar o mundo fenomenal, ora "amor

---

39 *A Propos de l'humain*, p. 20.

infinito", que salva a alma individual. Em compensação, o Tao, que não comporta explicações e não é uma religião de salvação, oferece analogias com a teologia negativa (como aliás com o platonismo e o neoplatonismo), a qual não define Deus se não for negativamente sob o modo apofático. Assim, Denis, o Aeropagita, definia o objeto de sua aspiração dizendo que ao mesmo tempo está no homem e fora do homem; constitui a Unidade dos contrários (a *coincidentia oppositorum*).

Por outro lado, muitos pontos da sabedoria do Tao lembram tanto os preceitos do cristianismo como a sabedoria antiga: muito próxima do taoísmo é a atitude do cético grego, cuja regra de ouro é a indiferença, e a do Cínico, sem outra ambição a não ser viver sem consciência e sem razão. Contudo, nesses dois tipos de homens há uma propensão ao raciocínio e ao debate, como em todos os gregos, que os distancia dos grandes sábios taoístas.

O que se conclui disso? Deve-se tomar ao pé da letra a frase de "As Ilhas Borromeu" – "Para que viajar? As montanhas se sucedem às montanhas, as planícies às planícies e os desertos aos desertos"[40]? Dizer que, como não foi dado ao homem a posse da verdade, o Oriente não a possui mais do que o Ocidente; já que, por outro lado, muitos valores da sabedoria oriental também estão no Ocidente, por que então ir tão longe?

40 Ver infra, p. 165.

O fato de Grenier haver dedicado muito tempo ao estudo das civilizações orientais prova que esse contato lhe era necessário. Inúmeras vezes ele retomou o gosto que tinha por essas civilizações. Escreveu que "ler ou estudar não está tão longe de acreditar, ser convencido. Todo conhecimento contém uma fé em germe"[41]. Nelas, encontrou algo que lhe parecia faltar no Ocidente. Realmente, se entre as duas civilizações existem pontos em comum, a maneira de abordar os problemas é diferente. Todos os valores emanam de um princípio único, mas ao aparecer transformam-se no tempo histórico a ponto de se tornarem irreconhecíveis. O ponto de interseção em que se cruzam o divino e o humano é difícil de manter; ora nos inclinamos por um lado, ora pelo outro, e o equilíbrio é perdido. Para restabelecê-lo, é preciso mergulhar nas fontes, retornar ao passado. Se o contato com a Antiguidade greco-romana nos é necessário, é porque nossos valores ali se encontram em um estado mais puro. Sendo mais antiga, a civilização oriental constitui uma fonte ainda mais pura.

Por isso, um contato com ela regenera e renova. A civilização ocidental, por demais voltada para o homem, tem necessidade do divino e do sagrado que caracterizam as civilizações orientais para que o homem, assediado pela miragem do super-homem, não deixe de

---

[41] *Lettres d'Egypte*, Paris: Gallimard, 1950, p. 112.

simplesmente ser homem, e para que o humano não se desfigure nem se transforme em desumano ou barbárie. Se o humano corre o risco de se perder no Ocidente, é porque este não tem mais o sentido do divino: "Se não se admite uma revelação sobrenatural, ou uma intuição do Absoluto, recai-se em um positivismo medíocre"[42].

O Oriente poderia nos ajudar a redescobri-lo. "Dias Extintos", o penúltimo ensaio[43], só pode ser escrito depois do contato com as civilizações orientais – em outras palavras, depois de haver conhecido o que está longe é que o narrador termina por se encontrar à vontade no que está próximo. A viagem, seja ela verdadeira ou imaginária, não é inútil; portanto, é um desvio necessário.

Isso não quer dizer que o ocidental deva aceitar *a priori* a civilização oriental. As forças irracionais que são a sua marca podem ser perigosas. O contato com uma civilização mais antiga bem pode despertar alguma coisa oculta em nós e assim torná-la visível; é como um lugar escuro que de repente se iluminasse ou como um germe que começasse a brotar. Observamos que o que procuramos fora de nós está em nós, em nossa própria "ilha". O ocidental não pode renegar impunemente uma tradição milenar baseada na razão e na vontade. "Não se pode, à vontade, deixar uma

---

42 *Entretiens avec Louis Foucher*, p. 74.
43 Ver infra, p. 157-161.

tradição secular em que se foi criado para adotar uma outra, completamente estranha. Tanto mais que, em um certo grau de profundeza, nossas raízes podem tornar a juntar-se a outras raízes"[44].

Em compensação, podemos encontrar no Oriente a inspiração necessária para descobrir em nós mesmos uma força de renovação. Grenier escreveu: "Os grandes homens do Ocidente, aqueles depois dos quais não mais se viveu como se vivia, os que criaram alguma coisa, não negaram seu passado: eles o transformaram"[45]. E também: "Quem disse que o homem não pode mudar? Ele passou seu tempo mudando"[46].

Essa imersão numa civilização mais antiga não é um passo atrás, mas uma tomada de consciência das verdadeiras possibilidades, para se atirar para frente e formar o futuro, assim como a iluminação é uma tomada de consciência com o eu profundo. Grenier não acredita no devenir histórico tal como este é concebido na dialética de Hegel, um processo que vai em direção ao desabrochar do Saber absoluto. Em compensação, ele acredita na volta constante das coisas, as quais, no entanto, se produzem sob uma outra forma. Sem a menor dúvida, é nesse sentido que Nietzsche entendia

[44] *Entretiens avec Louis Foucher*, p. 74.
[45] *Inspirations méditerranéennes*, p. 108.
[46] Ver infra, p. 151

o mito do eterno retorno, que não hesitou em profetizar, embora admitindo o futuro histórico sob a forma de marcha sempre ascendente e triunfante da vida – e o homem não passa de uma transição. Duas concepções que a uma primeira vista parecem contraditórias.

Por um Humanismo da Aceitação

O pensamento de Grenier não pode ser separado de sua vida nem de seus escritos. Estes oferecem o exemplo de uma aliança excepcional entre um pensamento rigoroso e profundo e uma elegância de expressão que sabe filtrar e reter a intensidade da experiência vivida. Jean Grenier pertence a essa linhagem de pensadores que sabem permanecer homens no meio de sua filosofia, o que significa um estilo de existência filosófica particular – de tendência não sistemática, não dogmática. A marca principal desse pensamento – que se manifesta por inteiro desde *As Ilhas* – é ignorar a certeza do pensamento instalado em um sistema rígido e tranquilizador, mas sobretudo aceitar e assumir o risco de uma busca progressiva, insatisfeita, dedicada se não à interminável odisseia da procura, pelo menos do repouso difícil aleatório.

A principal característica dos primeiros escritos de Grenier é a de fundamentarem-se numa tensão frutífera e dinâmica – que Paulhan estava pronto a chamar de "dialética" – entre certo número de temas ou de níveis cujo Humano e Absoluto constituem os polos orientadores. Essa problemática, exposta a partir de *As Ilhas*, será retomada, desenvolvida e aprofundada ao longo dos escritos posteriores. O pensamento de Jean Grenier é um pensamento que procura, que procede por sucessivas correções e aproximações[47] e acima de tudo receia a definição, o fechamento, a fixidez que as palavras geram. Grenier temia o gelo de um pensamento que se congela em formas duras e definitivas – mortas. Para isso, não deixa de retomar os temas e problemas fundadores, tornando-os complexos. Essa retomada poderia ser definida como aprofundamento e recomeço das relações que o escritor mantém com o mundo. A retomada se opõe à ideia de progresso que, aos olhos de Grenier, é a maior ilusão de nossa época[48]. No plano geral da obra, *Les Grèves* pode ser considerado a retomada de *Jacques*; *Inspirations méditerranéennes* pode ser tido como retomada de *As Ilhas*, assim como *L'Existence*

---

[47] Por exemplo: "Tudo o que acabei de dizer não é exato senão em parte", ver infra, p. 105.

[48] Cf. Remarques sur l'idée de progrès, *Essai sur l'esprit d'orthodoxie*, Paris: Gallimard, 1967, p. 154-67.

malheureuse em muitos aspectos se apresenta como retomada da tese sobre Jules Lequier.

No plano temático, o Mediterrâneo é a retomada da Bretanha, a amizade das coisas é a retomada da amizade dos homens. Em uma outra perspectiva, a crítica de arte retoma e explora os temas do curso de estética. Não é significativo que o último texto escrito por Jean Grenier seja uma meditação sobre "L'Éscalier" (A Escada)[49] – concebida como metáfora do trabalho do escritor? O escritor continua a usar a escada, ele a tem em seu espírito. Ele sobe e desce, volta a subir e a descer, caprichoso, inquieto, melancólico e desencantado – tem sempre a consciência de haver esquecido algo, de que não existem os patamares, nem as partidas nem os sonetos.

Procuremos retomar e resumir esse andamento em "espiral" à luz de nossas análises.

De início, nada é evidente. No começo reina a contingência. Esta é a revelação essencial do primeiro ensaio, "A Sedução do Vazio"[50], o mais importante do conjunto, pois os sentimentos de distanciamento, de vazio, de uma falta essencial informam toda a meditação de Jean Grenier. Essas "monições", que são a revelação da vaidade e da vacuidade do mundo, fazem-no apreender a existência de algo que nos ultrapassa, a presença de um

[49] *Nouvelle Revue Française*, n. 221, maio de 1977, p. 46-58.
[50] Ver infra, p. 65-70

Absoluto. Absoluto, aliás, completamente negativo, que mal se desenha, "se esconde e se movimenta por trás da tapeçaria do mundo" e só se manifesta "por uma ausência que é mais atuante do que as presenças, como numa noitada em que o dono da casa está ausente"[51].

Essa ausência leva o clima de inadequação ao paroxismo. A sensação de distanciamento traz consigo a ideia de que o mundo foi atingido de nulidade pelo espírito, que não consegue deixar de sofrer com isso e que não pode mais impedir-se de julgá-lo. Diante de um Absoluto, as coisas mais diferentes perdem sua diferença, tornam-se "não diferentes". Ao espetáculo dessa uniformidade, o homem volta para dentro de si mesmo, descobre que seus próprios pensamentos não apresentam entre si uma verdadeira diversidade e, por sua vez – esta é uma forma de sabedoria –, torna-se completamente indiferente. Na ausência de Deus, qualquer elaboração dos valores é irrisória. No mundo das "existências" nada importa, pois o Ser não está nele. Parece-nos que essa indiferença, total e definitiva, não é senão a transposição, para o plano metafísico, da atitude do Amante abandonado, como sugere o trecho já citado de "As Ilhas Borromeu": "As montanhas se sucedem às montanhas, as planícies às planícies e os desertos aos

---

[51] *Entretiens sur le bon usage de la liberté*, Paris: Gallimard, 1982, p. 109, col. Idées.

desertos. Eu jamais terminaria com isso e jamais encontraria minha Dulcineia"[52].

Nesse plano, o Ser amado tornou-se o Amor essencial, o Absoluto, Deus. O indiferente é o amante de Deus, mas de um Deus transcendente, do qual está fundamentalmente separado. Como todo o pensamento que se fundamenta nessa ausência, ele termina em considerações sobre a solidão do homem. O "Eu" está só, *eu morro só* – parece repetir incessantemente o homem de *As Ilhas*; esta é a verdadeira realidade do humano e, certamente, sua grandeza. A solidão do homem, seu abandono, o remetem ao problema fundamental de sua *liberdade*. Estamos abandonados, portanto *livres* e sós diante de nossas escolhas. Essas escolhas são imperiosas e temos de resolvê-las.

Bom, então, escolher o quê? Quanto mais se igualam e se anulam diante do superlativo, do Absoluto, mais os valores são relativos: "Para mim a escolha é impossível, porque não se pode querer senão o perfeito. E sendo este inacessível, é melhor não querer nada"[53], declara Grenier. A tomada de consciência dessa inutilidade da avaliação implica a absoluta submissão à proposição do *instante*[54] que, segundo Grenier, é o mais

52 Ver supra, p. 39 e infra, p. 165.
53 *Lexique*, p. 26.
54 Por meio da experiência da intensidade do instante, Jean Grenier descobre a eternidade e a

alto grau de liberdade e talvez o mais rematado ideal de "sabedoria". Preocupado em assegurar-se de que um modelo de sábio como esse não teria permanecido puramente ideal, mas efetivamente produzira adeptos com o passar do tempo, Grenier dedicou-se a apontar os exemplos vividos: os estoicos, os céticos, os cínicos e, mais perto de nós, os escolásticos e os quietistas – mas foi principalmente nas doutrinas orientais, indianas e chinesas, que encontrou exemplos perfeitos desses sábios. No que lhe diz respeito pessoalmente, parece que Grenier não conseguiu se manter nessa posição indiferentista – ela depende de um ideal para o qual ele tende mais por temperamento do que por convicção. Continua para ele como uma miragem: ele a cobiça, aproxima-se dela e depois, como sentindo-se desencorajado ou enganado, para, volta atrás, deliberadamente, e não sem sofrer. Se levarmos em conta os dois últimos ensaios de *As Ilhas*, parece-lhe que devemos ser menos exclusivos no amor pelo Absoluto e olhar humildemente em volta: "Era-me necessário dizer adeus ao mais distante, era-me necessário buscar refúgio no mais próximo"[55].

totalidade, como em eco distante a esta frase de Santo Agostinho, em *As Confissões*: "A eternidade não é nada mais do que a posse inteira de si mesmo num único e mesmo instante".

55 Ver infra, p. 165.

É incompreensível que existam graus entre um Absoluto e um Relativo. Contudo, parece que existem. Daí essa busca apaixonada pelo humano que se manifesta nesses dois últimos textos cuja temática será retomada e amplificada em *A Propos de l'humain*. Grenier tenta chegar a esse "humano" pela mediação da natureza e especialmente dos animais, "nossos irmãos, os animais", como diz Freud[56]. Como se, não desejando renunciar a seu juramento de voltar as costas ao humano, ele voltasse o olhar na direção dos animais que carregam sobre si cheiros de homens. "O Gato Mouloud[57]" nos apresenta um Grenier singularmente mais próximo da devoção e da compaixão do que da indiferença. A necessidade de ternura pelo próximo – pensemos na delicada solicitude do narrador para com o açougueiro moribundo de "A Ilha da Páscoa" –, comprimida por essa metafísica do Absoluto, termina por estourar, por baixo, como se válvulas de segurança não deixassem esse culto pelo Absoluto desencaminhar-se além de certo limite aceitável. E isso dá lugar a súbitas revelações, a cores, a toques infinitamente sutis e tênues, que bastam para tornar a obra de Jean Grenier mais próxima da obra de um poeta suave e de um artista delicado do que a de um metafísico do

---

56 Cf. *Mal Estar na Civilização*.
57 Ver infra, p. 71-95.

Absoluto (não estivesse ele apaixonado pela Índia e pelo Tao), pois a indiferença pode dar lugar ao Amor:

> Nas cidades como Toledo, Siena, eu contemplei por muito tempo as janelas gradeadas, os pátios interiores onde fluem as fontes e as paredes espessas e altas como muralhas. À noite, eu passeava ao longo dessas muralhas cegas como se elas devessem ensinar-me alguma coisa. O que há por trás desses obstáculos? Mas precisamente esses obstáculos sempre presentes, esse mistério sempre suspeito, qual nome dar a tudo isso, senão o de amor?"[58]

¤ ¤ ¤

Seguindo Jean Grenier em sua estreita vereda, aproximando-se do absurdo, o abandono, a solidão e o silêncio, às vezes tão próximo de uma ausência total no mundo e no homem, parece que essa vereda mais se aproxima do território humano do que se afasta dele. Se o caminho parece longo, é porque a simplicidade é difícil e a lucidez exigida de uma ordem é ainda mais rara. Não se trata apenas de medir, não se trata apenas de desenhar planos do mundo – não há receitas para

---

[58] Ver infra, p. 110.

realizar o homem. E, principalmente, a inteligência sob sua forma discursiva não é suficiente, não se trata apenas de "conhecer". Como então pretender conhecer, por exemplo, o Bem e o Mal como o Tentador sugere a sua criatura, enquanto o próprio Deus não conhece nada, mas cria tudo? O poder de Deus é a cada instante realizar uma plenitude, sem buscar conhecer esse desejo que é o mal. Portanto, não é preciso conhecer o mal – viver é participar dessa criação pura e contínua que, a cada momento, reafirma a verdade do sensível e não procurar desemaranhar o pensamento do divino e distinguir entre o bem e o mal. Esse é o andamento de Jean Grenier, um pensamento *incoativo*, espelho espiritual[59] perfeitamente liso, refletindo a multiplicidade das existências singulares e a propensão das coisas em sua pluralidade impossível de dominar.

Depois de haver consumido até as fronteiras da poesia, para o homem, Jean Grenier nos pede, com Hölderlin, ainda um pouco de amor: "Quem pensou mais profundamente, ama o mais vivo".

---

59 "O uso perfeito de seu espírito como um espelho", escreveu Tchuang-tse.

Prefácio

Albert Camus

Tinha eu vinte anos quando, em Argel, li este livro pela primeira vez. O abalo que me causou, a influência que ele exerceu em mim e em muitos de meus amigos, só posso compará-los ao choque provocado em toda uma geração pelos Alimentos Terrestres. Mas a revelação que nos trazia As Ilhas era de outra espécie. Ela nos convinha, ao passo que a exaltação gideana nos deixava ao mesmo tempo admirados e perplexos. Nós não tínhamos necessidade, na verdade, de sermos liberados das tarjas da moral, nem de cantarmos os frutos da terra. Eles pendiam, ao nosso alcance, na luz. Bastava mordê-los.

Para alguns dentre nós, miséria e sofrimento existiam, é claro. Simplesmente nós os recusávamos com todas as força de nosso sangue jovem. A verdade do mundo estava unicamente na sua beleza e nas alegrias que ela proporcionava. Nós vivíamos assim na sensação, na superfície do mundo, entre as cores, as ondas, o odor agradável das terras. Eis por que *Os Alimentos Terrestres* vinham demasiado tarde, com seu convite à felicidade. A felicidade, nós fazíamos disso profissão, com insolência. Precisávamos, pelo contrário, ser um pouco desviados de nossa avidez, arrancados enfim de nossa feliz barbárie. Claro, se pregadores sombrios tivessem passeado nas nossas praias lançando o anátema sobre o mundo e sobre os seres que nos encantavam, nossa reação teria sido violenta ou sarcástica. Era-nos necessário mestres mais sutis e um homem, por exemplo, nascido em outras plagas, apaixonado ele próprio pela luz e pelo esplendor dos corpos, que nos viesse dizer, numa linguagem inimitável, que essas aparências eram belas, mas que elas deviam perecer, e que era preciso então amá-las desesperadamente. Logo, este grande tema de todas as idades começou a nos ecoar como uma perturbadora novidade. O mar, a luz, os rostos, dos quais uma espécie de invisível barreira de repente nos separava, afastaram-se de nós, sem cessar de fascinar-nos. *As Ilhas* vinham, em resumo, iniciar-nos no desencanto; descobríramos a cultura.

Na verdade, este livro, sem negar a realidade sensível que era nosso reinado, reforçava-a com uma outra realidade que explicava nossas jovens inquietudes. Os arrebatamentos, os instantes do *sim*, que nós vivêramos confusamente, e que inspiraram algumas das mais belas páginas das *Ilhas*, Grenier nos lembrava ao mesmo tempo seu gosto imperecível e sua fugacidade. Da mesma maneira, nós compreendíamos nossas súbitas melancolias. Aquele que, entre uma terra ingrata e um céu sombrio, labuta duramente, pode sonhar com uma outra terra onde o céu e o pão seriam leves. Ele aguarda. Mas aqueles que a luz e as colinas preenchem a qualquer hora do dia, não esperam mais. Eles não podem mais sonhar senão com um local imaginário. Assim os homens do Norte fogem das bordas do Mediterrâneo, ou dos desertos da luz. Mas os homens da luz, para onde se afastariam eles, a não ser no invisível? A viagem descrita por Grenier é uma viagem no imaginário e no invisível, uma busca de ilha em ilha, como a que Melville, com outros meios, ilustrou em *Mardi*. O animal frui e morre, o homem extasia-se e morre, onde está o porto? Eis a questão que ressoa em todo o livro. Na verdade, ela só recebe uma resposta indireta. Grenier, como Melville, termina de fato sua viagem com uma meditação sobre o absoluto e o divino. A propósito dos hindus, ele nos fala de um porto que não se pode nomear, nem localizar, de uma outra ilha, mas para sempre longínqua e deserta à sua maneira.

E ainda assim, para um jovem educado fora das religiões tradicionais, esta aproximação prudente, alusiva, era talvez a única maneira de orientá-lo em direção a uma reflexão mais profunda. Pessoalmente, eu não precisava de deuses: o sol, a noite, o mar... Mas são deuses de prazer; preenchem, depois esvaziam. Na sua solitária companhia, eu os teria esquecido em favor do próprio prazer. Era necessário que me lembrassem o mistério e o sagrado, a finitude do homem, o amor impossível, para que um dia eu pudesse retornar a meus deuses naturais com menos arrogância. Assim, não devo a Grenier certezas que ele não podia nem queria dar. Mas, pelo contrário, devo-lhe uma dúvida, que não acabará e que me impediu, por exemplo, de ser um humanista no sentido em que se entende hoje, quero dizer, um homem ofuscado por certas certezas. Este tremor que perpassa *As Ilhas*, desde o primeiro dia, em todo caso, eu o admirei e quis imitá-lo.

"Sonhei muito em chegar sozinho numa cidade estrangeira, sozinho e privado de tudo. Teria vivido humildemente, miseravelmente mesmo. Antes de tudo, teria mantido o mistério". Eis a espécie de música que me deixava então como ébrio, quando eu a repetia para mim, andando nas noites de Argel. Parecia-me entrar numa terra nova, que me abrira enfim um desses jardins cercados por altos muros que eu percorria frequentemente, sobre as colinas de minha cidade, da

PREFÁCIO

qual eu só me apoderava de um perfume de madressilva invisível e com o qual minha pobreza sonhava. Não me enganava. Um jardim realmente se abria com uma riqueza incomparável: eu acabava de descobrir a arte. Alguma coisa, alguém se agitava em mim, obscuramente, e queria falar. Acontece que uma simples leitura ou uma conversação pode provocar um novo despertar num ser jovem. Uma frase se destaca do livro aberto, uma palavra ainda ressoa na obra, e repentinamente em volta da palavra precisa, da nota exata, as contradições se ordenam, cessa a desordem. Ao mesmo tempo, e já, em resposta a esta linguagem perfeita, um canto tímido, até mesmo desajeitado, eleva-se na obscuridade do ser.

Na época em que descobri *As Ilhas*, eu queria escrever, creio eu. Mas só decidi realmente fazê-lo após esta leitura. Outros livros contribuíram para esta decisão. Acabada sua função, eu os esqueci. Este, ao contrário, não cessou de viver em mim e há mais de vinte anos que o li. Ainda hoje me ocorre escrever ou dizer, como se elas fossem minhas, frases que se encontram em *As Ilhas* ou em outros livros de seu autor. Eu não me aflijo com isto. Admiro somente minha sorte, eu que, mais do que ninguém, tinha necessidade de me inclinar, de ter encontrado um mestre no momento que me era necessário e de ter podido continuar a amá-lo e a admirá-lo através dos anos e das obras.

Porque na verdade é uma sorte poder ao menos uma vez na sua vida conhecer esta submissão apaixonada. Entre as meias-verdades com as quais nossa sociedade intelectual se encanta figura esta, excitante, em que cada consciência quer a morte do outro. Logo, eis-nos todos senhores e escravos destinados a nos matarmos uns aos outros. Mas a palavra-chave tem um outro sentido que a opõe somente ao discípulo numa relação de respeito e de gratidão. Então não se trata mais de uma luta de consciências, mas de um diálogo que não mais se extingue desde que começou, e que preenche certas vidas. Este longo confronto não implica nem servidão nem obediência, mas somente a imitação, no sentido espiritual do termo. No final, o mestre regozija-se quando o discípulo o deixa e preenche sua diferença, enquanto este guardará sempre a nostalgia deste tempo em que ele tudo recebia, sabendo que ele não poderia nunca devolver nada. O espírito gera assim o espírito, através de gerações, e a história dos homens, felizmente, se fundamenta tanto na admiração quanto no ódio.

Mas eis um caminho que não tomaria Grenier. Ele prefere falar-nos da morte de um gato, da doença de um açougueiro, do perfume das flores, do tempo que passa. Nada é realmente dito neste livro. Tudo aí é sugerido com uma força e uma delicadeza incomparáveis. Esta linguagem leve, ao mesmo tempo exata e sonhadora, tem a fluidez da música. Ela desliza, célere, mas seus ecos se prolongam. Se considerarmos as comparações, seria preciso falar de Chateaubriand e de Barrès que obtiveram do francês novas nuances. Aliás, para que serve isto? A originalidade de Grenier ultrapassa estas comparações. Ele nos fala somente de experiências simples e familiares numa linguagem sem afetação aparente. Em seguida, ele nos deixa traduzir, cada qual a seu gosto. Somente nestas condições, a arte é um dom, que não obriga. Para mim, que tanto recebi deste livro, eu sei a extensão deste dom, reconheço minha dívida. As grandes revelações que um homem recebe na sua vida são raras, uma ou duas na maior parte dos casos. Mas elas transfiguram, como a felicidade. Ao ser apaixonado pela vida e pelo conhecimento, este livro oferece, eu bem o sei, virando suas páginas, uma revelação semelhante. *Os Alimentos Terrestres* demoraram vinte anos para encontrar um público para causar impacto. É chegado o tempo em que novos leitores sintam o mesmo. Eu gostaria de estar de novo entre eles, queria voltar àquela noite em que, após ter aberto este pequeno volume na rua, tornei a fechá-lo diante das primeiras linhas que li, apertei-o contra mim e corri até meu quarto para devorá-lo finalmente sem testemunhas. E eu invejo, sem amargura, eu invejo, se ouso dizer, calorosamente, o jovem desconhecido que, hoje, atraca nessas *Ilhas* pela primeira vez...

AS ILHAS

Esta sequência de símbolos descreve um homem
despojado de tudo o que pode constituir na sua vida
o episódio, o cenário, o divertimento...

São, contudo, realidades apesar da fé,
da piedade e do amor; e dos templos antigos,
das igrejas e dos palácios, agora as fábricas são
seguros asilos contra o desespero.
Não se trata aqui de tais aquisições
e de tais revelações.

A Sedução do Vazio

Existe por toda a vida e particularmente na sua aurora um instante que decide tudo. Esse instante é difícil de reencontrar; ele está enterrado sob o acúmulo dos minutos que passaram aos milhões acima dele e cujo nada amedronta. Esse instante nem sempre é um lampejo. Ele pode durar todo o tempo da infância ou da juventude e colorir com uma irisação particular os anos aparentemente mais banais. A revelação de um ser pode ser progressiva. Algumas crianças são tão ensimesmadas que a alvorada parece nunca querer erguer-se sobre elas e vê-las levantar-se como Lázaro, sacudindo a mortalha que não era senão fralda. É o que me aconteceu: minha primeira recordação é uma lembrança de confusão, de sonho difuso estendendo-se por anos. Não foi necessário falar-me sobre a *vaidade* do mundo: melhor do que isso, eu senti sua *vacuidade*.

Não conheci um instante privilegiado a partir do qual meu ser teria assumido um sentido, um desses instantes aos quais pela sequência eu teria dito o que me fora revelado de mim mesmo. Mas desde a infância eu conheci muitos estados singulares que não eram, nenhum dentre eles, pressentimentos, mas advertências. Em cada um, parecia-me (porque se pode empregar outra palavra senão aquela) tocar alguma coisa fora do tempo. Minha grande dificuldade deveria ter sido perguntar-me o que exatamente significavam esses contatos, realizar uma ligação entre eles, em resumo, fazer como todos os homens que querem se dar conta do que se passa neles e confrontá-lo com o mundo, transformar minhas intuições em sistema – um sistema bastante flexível para não esgotar estas intuições. Mas pelo contrário, deixei essas flores murcharem uma após outra. Eu corri de uma a outra – em viagens que não tinham quase nunca outro objetivo.

Que idade tinha eu? Seis ou sete anos, eu creio. Estendido à sombra de uma tília, contemplando um céu quase sem nuvens, vi esse céu despencar e dissipar-se no vazio: foi essa minha primeira impressão do nada, e ainda mais viva porque ela sucedia àquela de uma existência rica e plena. Desde então, busquei o porquê de um poder suceder ao outro, e, em seguida, com uma confusão comum a todos os que procuram com sua inteligência ao invés de buscarem com seu corpo e sua alma, eu pensei que se tratava daquilo que os filósofos chamam "o problema do mal". Ora, era bem mais profundo e bem mais grave. Eu não tinha diante de mim uma falência, mas uma lacuna. Neste buraco escancarado, tudo, absolutamente tudo, corria o risco de ser tragado. A partir desta data começou para mim uma ruminação sobre o pouco de realidade das coisas. Eu não deveria dizer "a partir desta data" visto que estou convencido de que os acontecimentos de nossa vida – de todo modo os acontecimentos interiores – são unicamente revelações sucessivas do mais profundo de nós mesmos. Então as questões de data pouco importam. Eu era um destes homens predestinados a se perguntar por que eles viviam de preferência a viver. Em todo caso, viver preferivelmente *à margem*.

O caráter ilusório das coisas me foi de novo confirmado pela vizinhança e convivência assídua com o mar. Um mar que tinha um fluxo e um refluxo, sempre inconstante como o é na Bretanha onde ele descobre em certas baías uma extensão que o olhar tem dificuldade em apreender. Que vazio! Rochedos, lama, água... Já que tudo é posto em discussão a cada dia, nada existe. Eu me imaginava de noite numa barca.

Nenhum ponto de referência. Perdido, irremediavelmente perdido; e eu não tinha estrelas.

Esses devaneios não tinham nada de amargo; eu os conservava com indulgência. Não era um "mal literário" visto que eu nada lera que se referisse a isso. Era um mal inato do qual eu me comprazia. O sentimento do infinito ainda não tinha nome para mim, não mais que aquele que eu tinha do nada. Resultava daí uma quase perfeita indiferença, uma apatia serena – o estado do dorminhoco desperto. Eu percorria dia após dia essas pradarias sombrias, essas praias áridas onde nunca nada germinaria. Eu avançava levado por uma torrente que, recuando e avançando, deixava-me finalmente no lugar, semelhante a uma boia enganchada no fundo do mar por um cabo sólido. É bem difícil livrar-se deste torpor. Não posso dizer que eu gostava; eu me submetia a ele, prazerosamente. A que levava isto? A nada. Não importa o que leva a algo: isto sozinho não tinha saída. Se a morte estava no final, minha vida se lhe assemelhava tanto que eu não teria visto a diferença, não tivesse sido esse instintivo sobressalto do animal.

. . . .

Como é possível que com um temperamento semelhante eu não tenha estado indiferente a tudo? Ora, tudo me feria porque tudo o que se passava fora de mim tendia a me fazer sentir sua pouca importância frente somente àquilo que contava para mim. Minha primeira análise está incompleta: eu tinha um ideal. Pode-se renegar as coisas que vos cercam e confinar-se num domínio neutro que vos isola e vos protege: isto significa que a gente se ama e que se pode ser feliz por um egoísmo. Mas se colocarmos na mesma situação não importa o quê, e sentirmos a vacuidade do mundo, dispõe-se inteiramente a desprezar os mil pequenos acidentes da vida que vêm atrapalhando. Um ferimento, ainda passa, a gente se resigna, mas pequenas ofensas diárias são insuportáveis. Vista na sua grandeza, a existência é trágica; de perto, ela é absurdamente mesquinha. Ela inspira a ideia de que é necessário defender-se contra ela e aflora sentimentos que se teria querido jamais conhecer. Acontece que isso vos parece preferível àquilo; mesmo que seja preciso optar entre *isto* e *aquilo*, renunciar a um para sempre para possuir o outro. Ora, *isto* é preferível *àquilo*? Por mais que eu diga não, sou forçado a dizer sim. Não é torturante? Eu passo a contragosto do instante da *indiferença* àquele da *escolha*. Eu me apodero do jogo, procuro num efêmero um absoluto que não se encontra aí; no lugar do silêncio e do desdém, eu mantenho em mim um tumulto. É bem cruel ter de optar entre duas marcas de canetas: a melhor não é necessariamente a mais cara; e a pior pode ser de grande utilidade porque diferente; não há melhor e nem pior: há o que é bom num determinado momento, e o que é bom num outro. A perfeição, eu o sei, não é deste mundo, mas desde que se adentre neste mundo, desde que se aceite fingir, se é tentado pelo demônio o mais sutil, aquele que te assopra na orelha: visto que você vive, por que não viver? Por que não obter o melhor? Então são as compras, as viagens... Mas que belos instantes aqueles em que o desejo está *perto* de ser satisfeito.

Não é estranho que a sedução do vazio leve a uma corrida, e se salte, por assim dizer, num só pé, de uma coisa a outra. O medo e a sedução misturam-se – avança-se e foge-se ao mesmo tempo; ficar no lugar é impossível. Entretanto, chega um dia em que este moto-contínuo é recompensado: a contemplação muda de uma paisagem basta para fechar a boca ao desejo. Ao vazio substitui-se imediatamente a plenitude. Quando revejo minha vida passada parece-me que ela foi somente um esforço para chegar a estes instantes divinos. Aí fui eu conduzido pela lembrança deste céu límpido onde eu passava tão longo tempo na minha infância, deitado de costas, a olhar através dos ramos e que eu vi um dia desaparecer?

O Gato Mouloud

I

mundo dos animais é feito de silêncios e de saltos. Amo vê-los deitados, enquanto eles retomam contato com a Natureza, recebendo, em troca de seu abandono, uma energia que os alimenta. Seu repouso é tão trabalhoso quanto nosso trabalho. Seu sono é confiante tanto quanto nosso primeiro amor. Esta antiga aliança de Anteia com a Terra, são eles que a renovam com a maior dignidade. No hotel onde moro, eu nunca acordo à noite, mas se eu desperto, como nesta madrugada, 15 de novembro, 3 horas, eu ouço tossir, falar etc. Quando meu gato dorme, tudo nele respeita seu sono. Ele procura longamente o melhor lugar, se enrosca e começa a cochilar quase imediatamente. Em seguida, ele dorme mais profundamente. Dir-se-ia que ele calcula... Ei-lo a passar por sonhos felizes: trepado numa árvore, ele espreita um pássaro que ele gostaria de ter sob controle. O que é agradável neste pássaro, não é que ele seja de cores vivas, mas é que ele é gordo e pesado. Mouloud ama os pássaros... Como se compreende que ele queira possuir o objeto de seu amor! Porém, mais Mouloud chega perto, mais o pássaro recua. Mouloud tenta fasciná-lo, esforço inútil. No fim, o pássaro voa, o gato, gemendo, quase acorda e se espreguiça. Um novo sono começa, mais leve, mais agradável, semelhante àquele que têm as mulheres nas grandes cidades entre 9 e 11 horas da manhã. É neste momento que os gatos gostam de ser docemente acariciados. É preciso passar a mão atrás da orelha para que eles lancem a cabeça para trás. Então se acaricia o queixo e o peito entre as patas da frente. Os gatos que têm uma coleira, como Mouloud, gostam que se passe os dedos entre os pelos e a coleira.

    Um gato digno do nome de gato deve usar uma coleira. Imediatamente ele adquire junto das gatas um sucesso extraordinário, ele dá a si próprio e à casa a qual ele pertence uma grande importância. Ei-lo enobrecido para a vida. Quando nascerem, seus filhos terão um ar de dignidade que os outros gatinhos não têm. Eles recusarão a ração e aceitarão somente o bife.

O GATO MOULOUD

Eles não frequentarão senão gente de sua classe e realizarão casamentos vantajosos. É a coleira que torna os gatos muito humanos. Tentem falar a um gato que não tenha coleira, vocês verão a diferença. A coleira não indica uma superioridade de raça, visto que tanto angorás, persas e siameses não a usam, mas uma superioridade de educação. O nascimento não conta. Tudo é concedido abertamente por indulgência, nada depende senão do capricho individual. Na sua atual condição, a instituição da coleira é como muitas outras: a inteligência não tem nenhuma participação nisso.

Quando ele é acordado, Mouloud desce da cama onde se deitara e salta para a janela. Então ele se põe de cócoras no vão. Senão ele ganha os telhados, estica-se sobre um terraço, desce no jardim graças aos galhos de um loureiro que é próximo do muro. Quando os galhos acabaram de ser cortados, ele é obrigado a subir pelos telhados até um dos cômodos e descer pela escada.

Na sua infância ele não tinha nenhum medo. Ele andava ao longo das calhas, sem vertigem e trepava no mais alto do damasqueiro, quando havia pessoas no jardim, para se fazer admirar. Agora ele não faz senão esforços que valham a pena, conhecendo o preço das coisas; ele aprecia menos o jogo e mais o conforto. Suas afeições são mais seguras. De manhã ele se enrola aos pés de minha mãe, em sinal de reconhecimento e de amor, até que minha mãe coloque o pé sobre ele.

Satisfeito com esse rito feudal, ele vai à cozinha beber seu leite e experimentar a refeição fria que lhe foi preparada na véspera.

À tarde, estirado sobre uma cama, ele ronrona, com as patas para a frente. Ele veio cedo nesta manhã e vai ficar o dia todo porque ontem ele teve um dia cheio. Ei-lo mais afetuoso que o habitual: ele está cansado. – Eu o amo: ele derruba esta distância que, a cada despertar, renasce entre o mundo e eu.

No crepúsculo, nesta hora angustiante em que o dia emprega suas últimas forças, eu chamava o gato junto de mim para tranquilizar minha inquietação. A quem eu a teria confiado? "Tranquilize-me", dizia-lhe eu, "a noite se aproxima e com ela levantam-se meus espectros familiares: tenho medo. Três vezes: quando o dia declina, quando eu adormeço e quando desperto. Por três vezes aquilo que eu acreditava superado me abandona... Tenho receio desses momentos que abrem uma porta para o vazio – quando a noite ascendente procura sufocar-te, quando o sono te devora, quando no meio da noite você faz o balanço do que você é, quando você pensa – naquilo que não é. O dia te ilude, mas a noite não tem cenário".

Mouloud se calava obstinadamente. Eu me apoiava nele com o olhar e sua presença me restituía confiança (uma presença que tudo continha).

O GATO MOULOUD

Pensamos nos momentos abençoados olhando Mouloud. Noutra noite, passando sob álamos, eu vi seus altos ramos confundirem-se. O mesmo ao meio-dia, diante de uma planície deslumbrante de sol, eu vi e aceitei; diante das ruínas iluminadas pela lua, eu acreditei que o homem podia herdar do homem e que este frágil dom bastava. Nesta manhã, abrindo a porta, um calor apoderou-se de mim. – É tudo.

Você não diz nada, mas eu creio te ouvir:

> Eu sou esta flor, este céu e esta cadeira. Eu era estas ruínas, este vento, este calor. Você não me reconhece sob meus disfarces? Você me julga um gato porque você se julga um homem.
>
> Como o sal no oceano, como o grito no espaço, como a unidade no amor, eu estou derramado em todas minhas facetas. Se você quiser, elas voltarão a mim como os pássaros cansados voltam à noite ao ninho. Desvie a cabeça, negue o instante. Pense sem sobrecarregar teu pensamento. Abandone-se como faz o gatinho para que sua mãe possa segurá-lo na sua boca e levá-lo a um lugar onde ninguém o encontrará.[1]

Mouloud é feliz. Tomando parte no combate que trava eternamente o mundo com ele mesmo, ele não

---

[1] Reconhece-se aí a linguagem dos *Upanishads*.

rompe a ilusão que o faz agir. Ele brinca e não sonha em se olhar brincando. Sou eu que o observo, e me encanto ao vê-lo preencher seu papel com uma precisão de movimentos que não deixa espaço a nenhum vazio. A todo momento ele é absolutamente inteiro na sua ação. Se ele deseja comer, seus olhos não abandonam os pratos que saem da cozinha e traem uma tão violenta vontade que se imaginaria transposto na própria comida. E se ele se dobra sobre os joelhos, é com o emprego de toda sua ternura. Em vão, eu busco um hiato. Seus atos coincidem com seus movimentos, seus movimentos com seus apetites, seus apetites com suas imagens. É uma cadeia sem fim. Se o gato estica sua pata pela metade, é porque é preciso que ele a estique e que ele a estique somente pela metade. O contorno mais harmonioso dos vasos gregos não tem esta necessidade.

Esta plenitude, quando eu faço uma reflexão para mim mesmo, me entristece. Eu me sinto homem, quero dizer, um ser mutilado. Sei que vacilarei antes do final da história e que diante de uma pergunta que me fizer meu companheiro, esquecerei minha resposta e ficarei sem fala. Ausências. Eis-me encantado com estes seres que eu dizia amar, e comigo mesmo de quem eu não podia me desligar. Uma necessidade que me confunde, transporta-me para longe de minha condição. Os homens não gostam que se lhes escape: é que eles não gostam de fugir deles mesmos. Eles estão tão contentes de serem homens quanto Mouloud de ser gato. Mas Mouloud tem razão e eles não têm. Porque ele faz o que tem de fazer e a posição para eles é insustentável. Eu gostaria de convencê-los disso: nós não temos nada a fazer e nossa posição é insustentável. É preciso fugir, não existe uma única base de terra firme entre Mouloud e...

II

    Há longos anos eu desejava um gato que ficasse junto de mim nos meus estudos e permitisse que eu me aproximasse mais frequentemente daquilo que torna meu pensamento constante e minha única felicidade. Sem dúvida, se eu tivesse cedido a meus próprios sentimentos, eu teria preferido um cachorro. O calor com que ele teria cercado minha vida, a franqueza de seus modos, seu coração saltitante teriam me feito crer no que há de mais terno no homem. Mas não se tratava de me agradar... É nesse momento que o coveiro me ofereceu um.

  O coveiro era um importante funcionário da cidade que morava numa casa na entrada do cemitério. Ele ganhava muito dinheiro em todos os túmulos que ele tinha de escavar, com as flores que cultivava no seu jardim para vendê-las aos sobreviventes e com as exumações das quais ele obtinha vantagens. Era um bom lugar, com um rendimento equilibrado, melhor, contudo, nos tempos secos que nos tempos chuvosos, dizia ele. Se bem que ele mesmo não punha a mão na massa, limitando-se a dirigir os trabalhadores contratados para a jornada.

Eu o conheci em consequência de um luto que me fazia ir todos os dias ao cemitério.

Quando eu era criança, o cemitério me causava medo. Mesmo em pleno sol, ele me parecia sombrio e negro, com algo de viscoso. Apoiado numa colina, diante de um horizonte de vale e de mar, contrastava pelos seus teixos negros com o verde do céu, da campina e do mar. Eu entrava lá somente uma vez por ano, no dia de Todos os Santos, com meus companheiros de ginásio. O diretor, um padre ossudo, de olhos duros, levava-nos lánesse dia, após as vésperas dos Mortos. Vendedores de castanhas e de crisântemos obstruíam a entrada. Chovia, ou melhor dizendo, uma bruma muito fina e muito fria reduzia-se a água e ocultava a paisagem. O padre ia diretamente à grande cruz de granito (lembrança de missão) que trazia esta inscrição sobre a base: *Ave Crux Spes Unica*. Nós nos reuníamos em volta dele; e com sua voz cortante, ele dizia as ladainhas dos Mortos. Realmente, neste dia não havia esperança; e a única esperança de que falava a inscrição me parecia tão terrível quanto as coisas que me cercavam e das quais eu estava bem perto de desesperar-me. Nem sequer desesperar, visto que eu não chegava a considerá-las reais. Frágil cenário, podia ele iludir neste minuto um espírito demasiado desprendido de seu corpo, para chegar a *crer*? Eu relembrava este fim de tarde longínquo em que, encostado num muro, vi a árvore que eu olhava fixamente (uma macieira) desaparecer como uma mancha que se elimina, me arrebatar com ela e me devorar.

Estes terrores cessaram no dia em que eu perdi alguém que eu amava. Todos os dias de verão, logo após o almoço, eu ia ao cemitério. De todos os jardins da cidadezinha, era ele o mais florido. Eu passeava pelas veredas ao longo das lajes gravadas e enfeitadas de hera, cercadas de uma barricada de madeira branca.

Eu amava as tumbas mais simples, aquelas que se recobriam de areia sobre a qual se destaca uma cruz feita de conchinhas brancas. Mas o que acima de tudo me agradava, eram as flores que abundavam de todas as carnações e cujo perfume me retinha ao passar. O cemitério inteiro rescendia ao meio-dia, dava, ao passante ainda não cansado, esta ligeira embriaguez que a maturidade, o silêncio ou a plenitude dispensam.

Eu usufruía desta paz, e, ainda mais, desta familiaridade com a terra dos mortos que, outrora, me mostrava um aspecto tão hostil. Desde que eu lhe confiara alguém, eu não mais adentrava neste lugar como em terra estranha.

É neste cemitério que deve ter nascido o gatinho que nos ofereceram. Sua mãe pertencia ao coveiro. Via-se ela correr entre os túmulos no meio das pessoas que a dor ou a curiosidade para aí levavam. Era uma gata cinza e tigrada, que não tinha nada senão o banal e seus filhos se lhe assemelhavam (Eu não me ponho realmente contra a vida de César).

Mouloud, quando entrou na nossa casa, tinha apenas um mês. Ele parecia mais um grande rato que um gato. Vivo e alegre (o que chamamos de inteligente entre os homens), ele parecia indeciso frente a seu destino. A mudança lhe agradava. Ele não se mantinha no lugar. Como acabava de ser desmamado, procurava morder os tapetes, as cadeiras, os papéis de parede.

Ao fim de alguns dias, ele se atirou na escada cujos degraus eram demasiados altos para ele. Ele chegava mesmo a colocar as patas da frente sobre os degraus, mas o resto não acompanhava.

Logo ele tomou o hábito de subir a escada toda manhã e de escalar os dois andares. Chegado ao patamar do primeiro, ele emitia um grito para chamar. Eu me levantava meio adormecido para abrir a porta. Ele já chegara ao patamar. Eu já contava vê-lo chegar precipitadamente. Mas não: a partir do momento em que ele me tinha visto, assumia uma atitude cheia de dignidade e avançava a passos lentos e calculados como um embaixador preocupado em representar seu governo, ou como Bossuet que, caminhando a passos lentos sob a chuva, dizia: "Um bispo não corre". Em seguida, ele se preparava e, num único salto, se atirava sobre a cama onde eu já tornara a me deitar. Então, aproximando-se de minha cabeça, ele se encolhia numa fresta do lençol para começar um sono que durava até meu levantar e até mesmo um pouco mais.

Frequentemente, deitado assim na minha cama, passeando no quarto cuja posição muito elevada isolava-o completamente da casa, quarto situado na água-furtada, construído como uma prisão de navio, eu me acreditava numa ilha deserta. Em volta de mim via papéis de parede, tapetes, espelhos e, como única abertura, uma estreita janela em plano mais alto.

Aí passei aproximadamente dez verões a dormir minha vida. Eu não arquitetava projetos quiméricos, mas projetos práticos cuja aplicação me parecia inútil.

Assim estirado, eu passava horas, dias, meses a ler, a escrever ou a sonhar. De minha cama ou de minha mesa, eu não via senão a plenitude do céu e os cimos das grandes árvores dos jardins vizinhos. Eu estava cercado dos silêncios que se juntavam um ao outro: o da casa, o dos jardins e o da pequena cidade. Eu sufocava sob esta camada de muita proteção e tinha vontade de arrancá-la.

O gato permanecia a manhã toda comigo. Eu lhe lançava bolinhas de papel que ele recuperava e tornava a lançar mais longe. Que boa diversão! Eu o via enfiar-se sob a cama, desaparecer, tornar a aparecer, parar, recomeçar. Em seguida, ele esquecia o que tinha perseguido com tanto prazer e saltitava sobre a escrivaninha diante da qual eu lia. Com sua pata, ele divertia-se a impedir-me de virar as páginas. Outras vezes, ele pretendia deitar-se sobre o livro. Minhas leituras, todas essas manhãs de verão, ressentiam-se de sua companhia. Eu não abria senão *As Mil e Uma Noites*. Eu não saía de manhã. Quando eu saía, eu ficava de mau humor o dia todo. Aprendi esta regra de Mouloud quando ele era criança: ele não saía sob pretexto algum. Somente quando ele permanecia assim, no meu quarto, meditando o que eu lia, ele dava mostras de impaciência a partir de onze horas. Eu lhe abria a porta para permitir-lhe descer. Eu que sabia que o almoço não estava pronto, não me apressava. Aliás, eu tinha todo o tempo para mim: aquele que acompanharia minha morte tão incomensurável quanto o que precedera meu nascimento. Estas horas solares, tão cheias, ensinavam que eu não tinha nada a esperar nem a perder.

    Entretanto eu ouvia no térreo minha mãe dirigir reprimendas a Mouloud, demasiado turbulento, que ela acusava de gulodice. Para ela era uma falta imperdoável "querer comer entre as refeições".

    Mouloud esperava portanto o meio-dia com a maior impaciência. Enquanto comíamos, ele permanecia sensatamente na cozinha com a empregada, não tendo permissão de entrar na sala de jantar senão nos dias de festa (e um pouco mais). Mas se ele aí não estivesse, nós falávamos dele e às vezes ele nos servia de pretexto para desviar a conversa de todos os obstáculos que ela podia encontrar.

    É um grande deleite quando se viveu perto dos animais na sua infância, desfrutar novamente de sua companhia. Eu pensava nisso, olhando Mouloud fazer a sesta, estendido à sombra da palmeira. Contudo os gatos que tínhamos criado outrora não nos tinham encorajado a ter outros. Todos, sem exceção, tinham terminado mal. Pequenos, brincavam no jardim, mas dali não saíam. Depois encorajavam-se com a idade e levavam uma vida de festa e de prazer. Não se via mais eles retornarem à noite. Eles dormiam fora de casa às vezes duas noites seguidas. Por mais que se os chamasse na neblina, só queriam voltar na hora em que estavam fartos de excessos e de cansaço. Quantas noites inquietas me fizeram passar na minha infância! Enfim, um belo dia, acabara-se, não se ouvia mais falar deles. Um vizinho, irritado em vê-los devastar suas flores, tinha-os matado? Ou realmente tinham eles adotado o domicílio de uma gata, onde eles achavam abrigo e alimento? Tudo é mistério na vida deles.

    Este desaparecimento dos gatos faz pensar no dos navios que não voltam mais. Se nós dispusemos de mais poesia em volta dos naufrágios, é porque se tratava de homens. Mas enquanto Mouloud dormia, eu pensava nessa raça errante dos gatos que dá seu perfume à existência universal.

A vida deles está nos antípodas dos outros animais. Eles despertam quando estes adormecem. À noite, os jardins transformam-se em florestas e os telhados povoam-se de fantasmas negros, brancos ou cinzentos, semelhantes aos penitentes das confrarias da Idade Média. Seres de luxo, para quem todo trabalho é servil, oferecem aí festas galantes que só os mais ricos dentre nós podem esperar.

III

Teríamos tantas coisas a dizer sobre os seres que amamos que é preciso lembrar-se em tempo de que aquelas coisas só interessam a nós. Só as ideias gerais têm probabilidade de atingir os homens porque elas têm a pretensão de endereçar-se à sua "inteligência". Aliás, é pela mesma razão que se prefere o que faz "refletir" e o que entristece. "Representa ele sempre disfarçado?", perguntava alguém a propósito de Carlitos. Mas não é Carlitos, nem Dom Quixote que representam disfarçados, são os outros. Pergunta-se como se pode ousar interessar-se por um gato e se o assunto é digno de um homem que pensa e que raciocina, que vive mergulhado nos "problemas" e que tem *ideias* políticas, religiosas e outras. Ideias, santo Deus! E não obstante o gato existe, eis a diferença que há entre ele e aquelas ideias.

Aliás, o que distingue os homens não são suas pretensas ideias, são suas ações. Observa-se realmente isto a propósito dos gatos. Os misantropos e os egoístas os amam. Os homens de ação não têm tempo para isso. Os povos do Sul os alimentam com massas e porcarias. Os infelizes gatos hesitam na esperança de uma refeição mais refinada, mas como ela não chega, eles são realmente obrigados a comer; eles se recuperam no céu azul e no sol. Os gatos não são verdadeiramente felizes senão nos países do Norte, e eu me recordo, com ternura, deste caminhão motorizado com compartimentos, que circulava nas ruas de Haia, para conduzir a uma clínica os gatos que lhe eram confiados. Ditosos gatos, vocês que estão protegidos das doenças e dos acidentes e que o dia todo podem observar, de um quarto agradável, os movimentos, bem afinados aos de suas almas, dos barqueiros fazendo avançar suas barcaças ao longo dos canais! Ditosos gatos, vocês que no ano inteiro estiram-se na atmosfera abafada da névoa, do aquecimento central e dos charutos!

Os gatos de Baudelaire deviam ser desta espécie, animais bruscamente transportados do Equador para países frios e vivendo em volta de lareiras. Eles deviam ser assim, os gatos dos quais fala Plutarco, perfumados e deitados em leitos suntuosos, levando a vida dos deuses. Suas pupilas atingem, nas devidas proporções, a altura do sol acima do horizonte, eles são na terra a viva imagem do sol e são adorados em Heliópolis. Suas pupilas se dilatam por ocasião da lua cheia e se estreitam no seu declínio. Se Irrompe um incêndio, diz Heródoto, os gatos são vítimas de impulsos sobrenaturais: eles deslizam entre as fileiras amontoadas dos egípcios, ou saltam por cima deles e lançam-se nas chamas. Uma dor profunda então se apodera dos espectadores que vão raspar as sobrancelhas, enquanto as mulheres percorrem a cidade rasgando as vestes.

As histórias referentes aos gatos são inúmeras. Eu gostaria de reuni-las e já tinha consultado as compilações de Jeanne d'Hazon, Magnin, Abel Dassy etc. Eu li também o livro delicioso e inigualável de Moncrif sobre *Os Gatos*. Aprendi que Henrique III entrava em convulsões ao simples nome de gato (era um mau rei) e que Lênin acarinhava outrora um gato enquanto ele conversava, extraindo no seu contato uma nova força. Esta erudição num material tão fútil não me desagradava. No momento em que julgava a vida humana uma loucura e o mundo um vapor sem consistência, nada podia melhor me convir que um grave estudo sobre um assunto "frívolo". Isto ajuda a viver, a perpetuar-se. Se quisermos suportar o dia que chega, nada melhor que obstinar-se por várias horas num objeto qualquer. Renan consultava seu dicionário de hebreu todas as manhãs e isso o confortava para viver. Eu não creio que "os estudos" possam ter outro interesse. Tudo o que se aprende é desprezível, mas não é desprezível aprender o jogo de paciência, que nos faz esperar o fim.

Aliás, se for necessário desprender-se de si mesmo e de toda humanidade para atingir um absoluto, que melhor modelo que um animal a quem nós possamos recusar os sentimentos que geralmente se concede à "humanidade". Do mesmo modo poder-se-ia interessar-se pela Índia, país inumano, onde nada está na nossa medida como na Grécia. Estas foram minhas revelações, minhas chaves, minhas epifanias. Porém, se eu tivesse presumido com todas as minhas forças, é isso que me ensinou a morte de Mouloud.

IV

Como nós devíamos nos mudar, nós nos perguntamos, minha mãe e eu, o que íamos fazer de Mouloud. Há algum tempo minha mãe o olhava com comiseração, dizendo: "Pobre Mouloud, nossa partida será sua perda, nós perdemos tudo ao mesmo tempo: casa e animais". E Mouloud se beneficiava de alguma boa porção. Ele tinha necessidade disso para restabelecer-se das feridas que lhe custavam suas escapadas. A última vez (era na Páscoa), depois de uma ausência de vários dias, ele voltou com os olhos ensanguentados, uma pata quebrada e balas de chumbo no corpo. Recebi a notícia em Atenas e este pensamento que um animal ao qual eu era tão ligado e há tanto tempo perdera a visão, perseguiu-me nos meus passeios através de uma cidade que eu amava. Amar uma cidade, um animal, uma mulher, um amigo, não há senão uma palavra para todas estas afeições que nosso espírito se aplica em distinguir e que nosso coração reúne tão simplesmente. Um pregador investia contra aqueles que zombavam da prática do rosário. "Sempre a mesma fórmula", dizia ele, "mas quando se ama, pode-se dizer outra coisa que não seja: eu te amo? O amor reúne em si todos os momentos e todos os seres". Aliás, em Atenas, eu via que os Antigos não tinham ignorado a dignidade dos animais e tinham os associado às festas religiosas e a seus lutos íntimos. Os cavalos não caracoleiam sobre as frisas do Partenon senão para formar um cortejo para a deusa, e sobre as estelas, o cachorro do morto não é esquecido.

 Estes animais estão misturados à vida quotidiana e participam das alegrias e das tristezas dos homens.

Não é surpreendente que um grande escritor francês, testemunha na sua chegada a Atenas de um acidente em que uma criança encontra a morte, sinta sua admiração diminuída diante da Acrópole? Não é, pelo contrário, o lugar do mundo onde se respira a mais verídica simpatia, a mais sincera compaixão por todos os diversos acontecimentos do coração? Simpatia, compaixão tão justamente humanas que a única censura que se lhes tenha podido dirigir é a de sê-lo excessivamente exclusivas, de parecer ignorar o recurso às forças do além. De pensar nesta cidade na infelicidade de um animal, dá a esta ideia uma certa nobreza da qual tem necessidade um espírito francês, sempre sensível em demasia a um ridículo imaginário.

Mas quando eu imaginava um gato mutilado, cego, incapaz de vida pessoal e, sobretudo, não compreendendo por que ele fora ferido, levando uma existência miserável na noite e na imobilidade, eu me dizia que era-lhe preferível a morte. Ou melhor, eu imaginava que era para ele. Na realidade, era para não ter de suportar a visão do sofrimento de um ser que eu amava. Este, se fosse consultado, responderia como o Lenhador de La Fontaine. Por suposta piedade pelos infelizes, na verdade para nos poupar a visão de suas misérias, nós desejamos sua morte. Talvez também porque a gente se resigna com dificuldade com as aflições desses a quem se ama, tanto quanto os próprios sofredores. Assim eu compreendi um pai, cujas filhas casadas caíram na miséria crescente, dizer que ele preferiria sabê-las mortas que vivendo na penúria, elas que tinham sido privilegiadas na juventude.

Quando voltei de viagem, Mouloud estava restabelecido. Mas ele perdera um olho e em seu lugar só se via um globo sanguinolento. Minha mãe me disse que ela não tinha tido coragem de mandá-lo matar, de tanto que ele causava piedade. Durante longos dias ele tinha se mantido na cozinha, no fundo de uma caixa, ele que amava a independência, a imponência e que não queria jamais ser visto quando estava doente. Minha mãe cuidara dele com solicitude. Enfim, agora ele andava e comia. Porém, uma certa tristeza se apossara dele. Não era mais que um ser diminuído, e tinha consciência disso.

No fim do verão, por conseguinte, era preciso decidir sobre o destino de Mouloud. Evidentemente, não era caso de levá-lo. A extensão da viagem, a incerteza do destino, o número de etapas impediam-no. O melhor teria sido dá-lo. Meu amigo Guilloux se oferecia para cuidá-lo. No seu jardim, Mouloud teria podido levar uma vida de grande senhor: a gata teria lhe proporcionado uma agradável companhia. Mas o cachorro Toto manifestava tal alegria de viver que saltava sobre todos os visitantes, animais e pessoas sem distinção. Aliás, Guilloux devia deixar a cidade.

Restavam os vizinhos. Nosso vizinho da esquerda, um ancião, mostrava bons sentimentos por Mouloud que ele encontrara várias vezes deitado sobre sua cama ou sufocando um de seus pintinhos, mas ele passava o verão no campo: durante este tempo, o que aconteceria a Mouloud? E o outro vizinho, um funcionário, não estava certo de terminar sua carreira na Bretanha. Nascido em Carcassonne, esta cidade lhe parecia, com toda razão, a mais bela das cidades. Não se podia confiar-lhe um animal sedentário.

O gato não gosta de viagens: ele ama somente a liberdade. Ele perambula, mas é sempre para voltar à sua base. Diz-se que ele prefere a casa ao homem. Nosso coração se recusa a crê-lo. Em todo caso, não se podia confiá-lo a qualquer um. Os outros não tinham o hábito de sua presença, hábito sinônimo do amor. E eu já tinha vivido longo tempo com Mouloud.

Nós não podíamos tampouco abandonar este animal que devia contar com muitos inimigos no bairro, a julgar pelos ferimentos. Minha mãe, tendo ouvido dizer que um vizinho detestava os gatos, dirigiu-se à casa dele, onde não encontrou senão sua esposa. "Que coisa, minha senhora", disse ela, "meu marido não tem nenhuma carabina, mas apenas um fuzil, e é para matar coelho". E como minha mãe insistia, ela juntou suas queixas às dela: "É possível que Deus permita que se importune esses animais inocentes como seu pobre gato". E todavia eu fui informado, depois disso, que este homem (do qual eu não quero declinar aqui o nome) era um cruel inimigo dos gatos. Ele provocava seus cães contra eles com um prazer cruel.

Não, não era possível dar Mouloud, e a presença de seu inimigo neste bairro significava para ele um perigo mortal constante. Era preciso sacrificá-lo. Eu devia me informar qual meio o faria sofrer menos.

Disseram-me que o senhor Servel, um veterinário, encarregava-se de matar cães e gatos mediante doze francos. Na véspera da minha partida, eu me decidi. O senhor Servel estava ausente e só voltaria para almoçar. Eu voltei para minha casa. Minha mãe chamou Mouloud, que não estava longe. Ela lhe deu um almoço copioso e fino, o melhor que ele tinha tido há muito tempo. Assim se faz com os condenados à morte.

Para apressar as coisas, fechou-se o gato na cozinha e escolheu-se um cesto do seu tamanho. Em seguida, a contar de uma hora, eu o coloquei no cesto sem que ele opusesse grande resistência e parti para o veterinário. Fazia bom tempo, e o jardim público que eu devia atravessar em toda sua largura começava a se encher de empregados de lojas e de trabalhadores que esperavam, à sombra dos castanheiros e das tílias, a hora da reabertura. O gato que se mexia a todo instante e comprometia o equilíbrio do cesto se pôs a miar fracamente. Porém logo cessou. Eu me perguntava consequentemente de

O GATO MOULOUD

que privilégio se arrogava o homem para dispor da vida dos animais. Mas para o veterinário não existia esse problema. Ele tomava café junto de sua mulher no jardim e logo se levantou para me receber no seu gabinete. Ele foi de opinião que "era um belo gato" e o pegou pela pele do pescoço. Mouloud se debatia tanto que ele derrubou *Vidas no Campo, Jardins e Galinheiros, Anuário do Veterinário de França* etc. Nós o fizemos entrar forçosamente num saco porque, dizia o senhor Servel, "esses animais têm alguma coisa do tigre e seria impossível dar-lhe uma injeção de outra maneira senão através de um saco". Quando ele deslizou o gato até o fundo do saco, ele atou este de maneira que Mouloud não pudesse mais se mexer, aliás, aterrorizado demais para pensar em fazê-lo, na noite em que fora mergulhado. O veterinário levou o saco sob um barracão. Durante este tempo, eu olhava, na sala de espera o pêndulo, a escova de roupas, os guarda-chuvas e a armação do veado suspensa acima da porta do salão. Depois eu ouvi: "Pronto, está feito", e o homem voltou com o gato: "Você quer que eu me ocupe disto?", disse-me ele. Eu recusei, queria transportá-lo no cesto e me contentei em pedir-lhe a nota. Fui embora, com o cesto sob o braço, enquanto a mulher do veterinário acabava de beber seu café. O jardim público já estava tomado pelas babás das crianças e pelos velhos senhores. O cesto estava pesado para carregar. Minha mãe me esperava muito emocionada. Eu retirei o corpo.

Os olhos estavam vítreos, o pelo colado à pele, as patas estavam oscilantes. Eu encontrava em Mouloud uma docilidade e abandono surpreendentes. Ele sucumbiu a uma lei de amor universal que se aplica em nós bem raramente e que se apoderara de seu ser, modelara-o e tinha-o moldado. Outrora o sol podia lhe parecer ardente ou a noite gelada. De agora em diante não existia lugar no mundo em que ele não pudesse harmonizar-se. Por toda parte ele seria acolhido e festejado. Ele tomaria a forma do lugar que o receberia e pouco a pouco se confundiria com ele. Uma resistência obstinada se transformava em estrita obediência para ressurgir em rebeldia numa nova existência, e esta alternância de rumor e de paz compunha a vida universal.

Era necessário enterrá-lo. Sem dúvida o veterinário não se oferecera para "encarregar-se dele" senão para vender sua pele, se bem que a de um gato doméstico valesse, de acordo com as últimas cotações, somente três francos. Minha mãe pensava em enterrá-lo numa caixa de madeira, mas eu já o deitara numa caixa de papelão das Galerias Lafayette. "É melhor", disse minha tia, "o corpo se decomporá mais depressa". E eu cavei um buraco num canto do jardim, ao pé do grande loureiro onde ninguém certamente ousaria ir incomodá-lo.

Ei-lo deitado num jardim que amou, onde ele estava na casa dele, mais feliz que os gatos de Paris enterrados nesta ilha próxima de Suresnes, mais feliz principalmente que os homens amontoados nessas necrópoles que apertam o coração, feliz como os ricos romanos enterrados nas suas casas de campo ao longo da via Ápia. Ele estava aí, coberto a partir da própria noite com folhas mortas que caíam. Quanto a mim, eu me apressei em subir para meu quarto: nós partíamos no dia seguinte e nossos preparativos não estavam terminados.

As Ilhas Kerguelen

Eu[1] sonhei muito chegar sozinho numa cidade estrangeira, só e desprovido e tudo. Eu teria vivido humildemente, miseravelmente mesmo. Antes de tudo eu teria guardado o *mistério*. Sempre me pareceu que falar de mim, mostrar-me pelo que eu era, agir em meu nome, era exatamente trair algo de mim, e o mais precioso. O quê? Sem dúvida, não é senão um indício de fraqueza, uma ausência da força necessária a todo ser para não apenas existir, mas *afirmar* sua existência. Eu não me deixo mais me enganar e não apresento esta fraqueza de natureza em favor de uma superioridade de alma.

---

1 Eu me resigno a dizer "eu", não acreditando, aliás, na sinceridade do "eu" a não ser no desprendimento do "ele" dos romancistas.

Mas me resta sempre este gosto do mistério. Eu oculto ações insignificantes por este prazer de ter uma vida somente minha.

Uma vida secreta. Não uma vida solitária, mas uma vida secreta. Acreditei, por muito tempo, na realização deste sonho. Uma vida solitária é uma utopia. Rousseau é importunado até Ermenonville. Mas uma vida secreta, Descartes, por exemplo, levou-a na Holanda. A uniformidade, a continuidade, a publicidade da vida de Descartes e sua simplicidade absoluta mantêm fielmente seu mistério. Sua casa de Amsterdã, que se julgou ser necessário recobrir com uma placa, é banal, situada em plena cidade. É graças a essa banalidade anunciada que Descartes obtém a permissão de viver afastado. "No meio da multidão de um povo forte e ativo, e mais cuidadoso com suas atividades que curioso com as dos outros, sem faltar nenhuma das comodidades que estão nas cidades mais frequentadas, eu pude viver tão solitário e retirado quanto nos desertos mais afastados". Descartes se resignou a perder o que não pode ser salvo: ele entregou completamente sua vida para poder guardar somente para si seu espírito.

Assim, entre os dias mais felizes de minha vida, eu disponho daqueles que passei em Veneza, porque tendo aí chegado após uma longa viagem, eu me vi ao fim de oito dias completamente desprovido de dinheiro. Eu estava impossibilitado de voltar à França e já considerava tomar uma posição. Eu estava encantado com essa situação porque ignorava o horror do trabalho sem esperança. O consulado da França evidentemente me dispensou. Na escola Berlitz acabavam "justamente" de prover a única vaga. Um comerciante francês estabelecido na pracinha disse-me ter tido as mesmas dificuldades e me aconselhou a trabalhar no hotel para receber os estrangeiros na recepção. Era um pouco duro, posto que era preciso passar a noite e a metade do dia – mas quando se é jovem... Esta realidade não me interessava mais.

O que eu queria era precisamente afastar-me das realidades, voltar a um *estado natural* ao qual sinto realmente que a Natureza realmente se opõe, porque a Natureza é a luta e o terror. A Natureza! Mas eu não teria vivido um mês além disso em Veneza, porque eu teria deixado todas as lagunas em troca de um mau filme.

Esta vida ideal, livre de todos os outros entraves tanto quanto dos entraves puramente materiais (e eu ignorava ainda que esses não eram nunca simplesmente materiais) me teria parecido artificial e vazia em pouco tempo. O começo é sempre belo, a sequência o é menos. Que bela manhã aquela em que Casanova, evadido da prisão de Plombs, respirou o ar da plataforma Schiavoni. Imagino facilmente sua embriaguez. Mas não tivesse ele sido obrigado a fugir para mais longe, a plataforma de Esclavons lhe teria parecido no dia seguinte bem monótona. Também Casanova, mesmo quando não é obrigado a fugir, atira-se continuamente de um país a outro. Ele diz a suas inúmeras noivas que ele não é feito para o casamento. Porém ele acaba por se casar com um velho castelo da Boêmia onde ele passa seus mais tristes e derradeiros dias. Os poetas nos enganam com sua Fonte da Juventude. Existe um laço insuportável entre o espírito e o tempo. A juventude, a liberdade, o amor... porque aquilo me faz pensar sempre, desde que a li, nesta simples transcrição de Stendhal escrita em Saint-Pierre-in-Montorio diante de uma paisagem que ele *amava*: "Hoje eu tenho cinquenta anos". Não continuemos, seria necessário retomar Pascal.

Não é sabendo a fatuidade de um sonho que isto o faz desaparecer. É estranho que este sentimento do secreto seja como um odor tenaz e atordoante do qual, mesmo abrindo as janelas, não se pode livrar-se. Um colega libertino me dizia outrora que não se interessava pelos espetáculos de variedades e outros locais de prazer, mas pelas ruas escondidas onde ao cair da madrugada passam as mulheres que te tocam de leve, e em voz baixa te fazem propostas. Sem tomar este exemplo extremo, pode-se dizer que não existe sentimento que não esteja profundamente escondido. Os povos mediterrâneos, os muçulmanos, os Antigos separaram sua vida privada de sua vida pública e entre eles uma não tem nenhuma relação com a outra. Na França, quando você não torna público os menores incidentes de sua vida privada, surpreende-se no seu meio e fica-se ressentido. E é um sentimento que se declara não compreender: o ciúme. Não se fala senão de camaradagem, de liberdade, de sinceridade. Estranha concepção que deixa de lado ao mesmo tempo a virtude e o prazer. Somente a pobreza pode, num tal ambiente, reconciliar e consolidar corações fracos. Pela grandeza dos obstáculos que ela suscita, ela se isola por um momento de tudo o que é exterior; é verdade que a necessidade de um trabalho servil pode logo fazer voltar ao contato.

Mas Paris é por excelência a cidade aberta a toda gente. As cidades antigas são habitualmente mais fechadas. Ao lado de Veneza, que se abre ao mar e se expõe ao sol, eis Verona, fechada e impenetrável. Há todas as espécies de motivos para que *Romeu e Julieta* se desenrole em Verona ao invés de Veneza. Eu não quero levar em conta senão isso.

Quando eu morava nos arredores de uma velha cidade italiana, eu percorria, para voltar para minha casa, uma ruela estreita e mal pavimentada, comprimida entre dois muros muito altos. (Não se imagina a altura desses muros *em pleno campo*). Era em abril ou maio. Num lugar onde a ruela fazia um ângulo, um forte odor de jasmins e de lilás me impregnava. Eu não via as flores, ocultas que estavam pela muralha. Mas eu me detinha longamente para respirá-las e minha noite era perfumada com isso. Como eu compreendia aqueles que confinavam tão ciosamente estas flores que eles amavam! Uma paixão quer fortalezas em volta dela, e nesse minuto eu adorava o mistério que torna tudo belo, o mistério sem o qual não há felicidade.

Eu volto ao meu sonho de uma vida secreta numa cidade desconhecida. Não somente eu não me daria pelo que sou, mas sendo forçado a falar a estrangeiros, eu me daria por menos do que sou. Por exemplo, se na realidade eu conhecesse tal lugar, eu fingiria não conhecê-lo; se desenvolvessem ideias que me fossem familiares, eu faria como se as ouvisse pela primeira vez, se me perguntassem qual é minha situação social, eu a rebaixaria, e se eu fosse contramestre, eu me diria operário; eu deixaria falar os doutos e não os contradiria. Eu frequentaria as sociedades bem menos "requintadas". Paris, neste ponto de vista, é preciosa como todas as grandes cidades e as pessoas que têm o que esconder amam-na por isso. Eles podem levar aí uma vida dupla, tripla etc. Não é exatamente o que eu quero dizer aqui. Pode-se esconder sem ter nada a esconder. Pode-se viver um mês, num bairro de Paris, que seja totalmente desconhecido, sem ter outras relações a não ser com o porteiro ou o recepcionista do hotel. Porém, para salvaguardar aquela vida, é necessário obrigatoriamente se resignar a conversar, como Descartes, duas vezes por dia com o porteiro ou com o empregado do hotel.

É preciso antecipar-se à sua curiosidade indiscreta e perigosa, chegando até a fazer-lhes confidências, e essas deverão ser tão mais francas e mais profundas quanto se deseja ter uma vida mais secreta. Evidentemente essas confidências não podem conduzir senão a um universo inteiramente indiferente.

Que prazer então poder abandonar-se a todas suas fantasias! Por exemplo, vai-se perder, sim, perder duas horas no quarto interno situado na parte posterior de um bar desconhecido (em Londres também há bares; eles abrem somente em certas horas e entra-se neles deslizando como um ladrão) e conversa-se com o garçom do café sobre os últimos recordes de aviação. Este rapaz não duvida de nada; ele não sabe que ele deve morrer um dia ou outro (e eu o sei).

Esta vida secreta não é, portanto, forçosamente artificial, desonrosa. Ela pode nos ajudar a nos redescobrir. Uma entrevista com um operário pedreiro, que faz sua muralha, nos aproxima mais de Pascal que uma conversa com um crítico literário, que naturalmente nos diz o que Pascal não fez e deveria ter feito. Mas eu não pretendo mais que ele nos faça forçosamente melhores. Aqui eu não faço senão descrever uma certa maneira de agir.

O que me parece mais curioso a observar em tudo aquilo é a necessidade de se sentir inferior: somente os animais que têm medo se escondem, e têm medo porque são fracos. Esta espécie de vida é, portanto, eu o penso realmente, uma prova de fraqueza íntima. Não há mesmo um desejo mórbido de ser humilhado, em alguns casos um verdadeiro masoquismo? Para alcançar seus fins, os homens têm realmente meios, dos quais o melhor é a presunção. A presunção não é somente a alma do comércio, ela domina todas as relações humanas. Diria, pelo contrário, que os que têm a vida da qual eu falo, abstêm-se completamente da presunção ou assim preferem, mesmo que tenham presunção às avessas. Eles se diminuem, procuram passar despercebidos, difamam-se se for necessário. São eles que oprimem os confessores de seus escrúpulos e povoam as salas de espera dos psicanalistas. Falta-lhes ambição a um ponto que não saberiam precisar, mas buscam pequenos proveitos que lhes dão ocasião de humilhar-se. Assim, eu conheci um grande merceeiro que poderia ter pedido ao fabricante suas mais belas conservas e que preferia ir mendigá-las a empregados subalternos a fim de correr os riscos prováveis de uma humilhação. Esta humilhação lhe causava um amargo prazer.

Ai está, portanto, uma explicação pelo "complexo de inferioridade". Eu pressinto nisso um outro que não é compatível com o primeiro. Estas pessoas de quem eu falo são imbuídas pelo sentimento de que tudo que é honra ou desonra, riqueza ou pobreza e em geral diferenças convencionais entre os homens, é uma ridícula comédia. Este sentimento não é um simples sentimento de diletante nem um sentimento revolucionário de homem de ação. É mais uma revolta intelectual, uma cólera interior contra o papel miserável que os homens estão destinados a desempenhar e que eles levam tão a sério. Daí a vontade de escandalizar. Engana-se de nome dirigindo-se a uma pessoa: que importam os nomes! Redige-se uma carta ao contrário. Considera-se como alegres as coisas tristes e como tristes as coisas alegres. Inventam regras para as ações que não as comportam e suprime-se para aquelas que as comportam. Derrubam-se as máscaras. Substitui-se por outras. Os segundos equivalem aos primeiros e os primeiros equivalem aos segundos. Um pequeno negócio tem a mesma urgência que um grande. Não há nem mais um minuto a perder nem a ganhar. Tudo está salvo, tudo está comprometido. É sério, isso?

Levados ao extremo, esses sentimentos conduzem ao cinismo de Antístene? Mas há bem poucos cínicos e aqueles que o são não são sempre inteligentes. O sentimento da seriedade, da dignidade, da respeitabilidade, da propriedade formam, aliás, uma barreira intransponível a essas contemplações insensatas.

Tudo o que acabei de dizer não é exato senão em parte. Há uma grandeza na vida oculta a todos. É necessário falar de Descartes e de Pascal (nos últimos anos)?

A vida oculta de Jesus precede sua vida pública: é que ele tem uma revelação a fazer, uma obra divina a executar. Entre os simples grandes homens é o inverso que ocorre: a vida pública não aspira senão a se perder na vida oculta (Port-Royal após os salões, a Holanda após o exército). Vê-se que eles se afundam nesta floresta sombria (da qual fala Dante tão admiravelmente) e esta torna a se fechar sobre eles e esconder até os rastos de sua passagem. É um belo símbolo a lenda de Empédocles, que é engolido voluntariamente por um vulcão, deixando somente suas sandálias sobre a borda. Os hindus devem, na sua velhice, retirar-se a uma floresta para aí terminar sua vida em meditação.

A lua, parece, não nos mostra nunca senão a mesma face; certas vidas humanas, mais numerosas do que se crê, são assim. Não se conhece sua zona sombria senão pelo raciocínio e é, todavia, apenas a que conta.

A sociedade tem exigências a tal ponto cruéis para os indivíduos que são forçados a trabalhar – isto é, quase todo mundo –, que sua única esperança (à exceção evidentemente de uma revolução) é de adoecer. Espanta-se com o grande número de doenças e de acidentes que nos oprimem. É que a humanidade, enfadada de seu trabalho quotidiano, só acha esse miserável refúgio da doença para salvar o que lhe resta de alma. A doença, para um pobre, é o equivalente a uma viagem, e a vida de hospital, é sua vida de castelo. Se os ricos soubessem disso, não permitiriam que os pobres adoecessem.

Mas nessa própria miséria, entre essas provações que se crê impossíveis de serem suportadas, no momento em que se duvida de tudo e em primeiro lugar de si mesmo, é precisamente nesse momento que se toma contato com uma realidade que nos anima.

O pensamento de que nós estamos condenados a viver sós, a morrer sós, interessa vivamente; a obrigação de executar tarefas absurdas nos revolta; e quando nós nos refugiamos no secreto e na pobreza, sem buscar os efeitos fáceis que os russos tiraram do azorrague e da Sibéria, nós compreendemos que seja necessário "oferecer-se, pelas humilhações, às aspirações".

Eu terminarei por esta descrição das ilhas Kerguelen devida a um viajante e que me parece simbolizar bastante bem a ladeira sobre a qual eu deslizo:

As Kerguelen estando situadas fora de toda linha de navegação...

... É com uma extrema prudência que os navios se aproximam deste arquipélago que se compõe de aproximadamente trezentas ilhas e cujas costas, frequentemente enevoadas, são orladas de perigosos recifes...

O interior da região é completamente deserto e a vida aí falta totalmente.

As Ilhas Afortunadas

Perguntam-te por que se viaja. A viagem pode ser para os espíritos que carecem de uma força sempre intacta, o estimulante necessário para despertar sentimentos que na vida quotidiana não se manifestavam. Viaja-se, então, para recolher, num mês, num ano, uma dúzia de sensações raras, eu ouço aquelas que podem suscitar em você este canto interior sem o qual nada do que se experimenta vale.

Passa-se dias em Barcelona, visitando igrejas, jardins, uma exposição e de tudo isso somente permanece o perfume das flores opulentas da Rambla San José. Valeria, portanto, a pena dar-se ao trabalho? É claro que sim.

Quando se leu Barrès, imagina-se Toledo sob um aspecto trágico e procura-se emocionar-se olhando a catedral e os Greco. Vale mais a pena vagar descuidadamente ou sentar-se à beira das fontes para ver passar as mulheres e as crianças. Nas cidades como Toledo, Siena, eu contemplei por muito tempo as janelas gradeadas, os pátios interiores onde fluem as fontes e as paredes espessas e altas como muralhas. À noite, eu passeava ao longo dessas muralhas cegas como se elas devessem ensinar-me alguma coisa. O que há por atrás desses obstáculos? Mas precisamente esses obstáculos sempre presentes, esse mistério sempre suspeito, qual nome dar a tudo isso senão o de amor? De certa espécie de amor? (Não aquele dos heróis de George Sand, evidentemente).

Portanto, pode-se viajar não para evadir-se, algo impossível, mas para se encontrar. A viagem torna-se então um meio, como os jesuítas empregam os exercícios corporais, os budistas o ópio e os pintores o álcool. Uma vez que se serviu disso e que se atinge o limite, empurra-se com o pé a escada que te serviu para subir. Esquece-se as jornadas enjoativas da viagem marítima e as insônias do trem quando se chegou a se reconhecer (e para além de si mesmo outra coisa, sem dúvida), e este "reconhecimento" não está sempre no fim da viagem que se faz: na verdade, quando ele ocorre, a viagem está concluída.

É bem verdade, portanto, que nessas imensas solidões em que um homem deve atravessar do nascimento

AS ILHAS AFORTUNADAS 111

à morte, existem alguns lugares, alguns momentos privilegiados em que a visão de uma região age sobre nós, como um grande músico sobre um instrumento banal que ele *revela*, falando propriamente a si mesmo. O falso reconhecimento é o mais verdadeiro de todos: reconhece-se a si mesmo: e quando diante de uma cidade desconhecida a gente se admira como diante de um amigo que se tinha esquecido, é a imagem mais verídica de si mesmo que se contempla.

As grandes paisagens luminosas da Toscana e da Provença, onde se vê planícies que se tem dificuldade de medir com o olhar e onde, no entanto, todos os detalhes estão escritos, essas paisagens na Lorraine são propícias entre todas para essas revelações. Um amigo me escreveu que, após um mês de agradável viagem, ele se encontrava em Siena e, adentrando às duas horas da tarde no quarto que lhe destinavam, as persianas abertas, ele viu um imenso espaço onde turbilhonavam árvores, céus, videiras e igrejas, esta admirável natureza que Siena domina com tanta superioridade e que lhe parecia estar vendo por um buraco de fechadura (seu quarto, nada mais que um ponto negro); então ele se pôs a soluçar. Não por admiração, mas por *impotência*. Ele compreendeu (pois eu não duvido que fosse mais um abalo do espírito que do coração), ele compreendeu tudo o que não poderia fazer, a vida medíocre à qual estava condenado a suportar, viu realizado, num instante, o vazio de suas aspirações, de seus pensamentos, de seu coração. Ofereciam-lhe tudo e ele não podia apropriar-se de nada. Ele disse-me que neste limite tomara consciência, pela primeira e última vez, do caráter definitivo de uma separação que imaginava até aqui como provisória e que, todavia, ele tinha sido o único a querer[1].

É verdade que certos espetáculos, a baía de Nápoles, por exemplo, os terraços floridos de Capri, de Sidi-Bou-Saïd, são solicitações perpétuas para a morte. O que devia nos preencher aprofunda em nós um vazio infinito. Nas mais belas paisagens, nas mais belas costas estão colocados cemitérios que não estão lá por acaso; vê-se aí o nome daqueles que, demasiado jovens, foram tomados de pânico diante de tanta luz projetada neles mesmos. Em Sevilha, se não se preocupar com os palácios, as igrejas, o Guadalquivir e o resto, a vida é agradável por muitas razões; porém só se sente verdadeiramente a *sedução* profunda da terra quando, querendo subir ao topo da Giralda, o vigia te impede: "É preciso ir em dois, diz ele. – E por que então? – Há excesso de suicídios".

A beleza das grandes paisagens não é proporcionada ao poderio do homem. Se os templos gregos são minús-

---

[1] Os seres demasiado frágeis têm tentações contrárias àquelas dos santos: eles são tentados a recusar.

culos, é porque eles foram construídos como refúgios a homens que teriam perdido uma luz sem esperança, um espetáculo sem medida. Por que se diz de uma paisagem ensolarada que ela é alegre? O sol o isola e o ser se encontra face a face com ele mesmo – sem nenhum ponto de apoio. Noutra parte qualquer, o céu interpõe suas nuvens, seus nevoeiros, seus ventos, suas chuvas e oculta ao homem sua degradação sob o pretexto de ocupações e de preocupações... Eu admiro a descrição que faz Rousseau de suas alegrias na ilha Saint-Pierre:

> As épocas das mais doces delícias e dos prazeres mais vivos não são aquelas cuja lembrança me atrai e me toca mais: esses breves momentos de delírio e de paixão, por mais vivos que possam ser, entretanto não são, pela sua própria vivacidade, senão pontos bem disseminados na linha da vida. Eles são demasiados raros e rápidos para compor um estado; e a felicidade que meu coração lamenta não é composta de instantes fugazes, mas de um estado simples e permanente, que não tem nada de vivo em si mesmo, mas cuja duração aumenta o encanto, a ponto de aí encontrar enfim a suprema ventura.

Mas a suprema ventura que Rousseau crê ter encontrado no lago de Bienne e que ele descreve tão bem como um "estado simples e permanente" não pode ser considerada antes um entorpecimento? Rousseau tenta esconder sua miséria e sua morte. Parece-me que a suprema ventura para algumas almas (as quais eu só posso admirar) não se separa do trágico: ela está no seu apogeu. No momento em que o tumulto de uma paixão atinge seu paroxismo, neste exato momento se faz na alma um grande silêncio.

Para tomar um exemplo próximo, o silêncio de Julien Sorel em sua prisão. É também o silêncio dos peregrinos de Emaús. É o silêncio da grande manhã de Pentecostes. Eu não vejo senão Rembrandt que tenha sabido exprimi-lo inteiramente. Sente-se realmente que num segundo após este instante, a vida vai retomar seu curso – mas esperando, ela é interrompida por algo que a ultrapassa infinitamente. O quê? Não sei. Este silêncio é povoado, não é a ausência de barulho, nem de emoção.

Quando eu vivia em Nápoles, eu ia todas as manhãs ao palacete Faldina, que se inclina para o golfo, e vadiava fumando cigarros até a hora em que soava o meio-dia. Estas horas de ócio me preencheram mais que as horas febris de Paris. Que pena que num cenário tão pungente, todo mundo, ou quase, esteja neste século ocupado em trabalhar. Que se trabalhe em Paris, em Londres, ainda passa. Mas por toda parte onde reinam perpetuamente o sol e o mar, é preciso contentar-se em usufruir, sofrer e exprimir-se. Para que serve remexer a lama do planeta quando se permanece no centro das coisas? E quando lentamente soavam os toques do

AS ILHAS AFORTUNADAS 115

meio-dia e ribombava o canhão do forte Saint-Elme, um sentimento de plenitude, não um sentimento de felicidade, mas um sentimento de presença real e total, como se todas as fissuras do ser estivessem obstruídas, apoderava-se de mim e de tudo o que estava à minha volta. De todos os lados afluíam torrentes de luz e de alegria que, de fonte em fonte, caíam para se condensar num oceano sem limites. Neste momento (o único), eu me aceitava pela única adesão de meus pés ao solo, de meus olhos à luz. E no mesmo instante sobre todas as margens do Mediterrâneo, do alto de todos os terraços de Palermo, de Ravello, de Ragusa e de Amalfi, de Argel e de Alexandria, de Patras, de Istambul, de Esmirna e de Barcelona, milhares de homens estavam como eu, retendo seu fôlego e dizendo: Sim. E eu pensava que se o mundo sensível não fosse senão um leve tecido de aparências, um véu de quimeras volúveis, que à noite nós rasgamos e que nossa dor tenta inutilmente apagar, existem contudo homens, os primeiros a sofrer com isso, que refazem este véu, reconstroem estas aparências e fazem retomar a vida universal que, sem este arrebatamento quotidiano, cessaria em algum lugar como uma fonte perdida no campo.

    Falam-me, eu falo a mim mesmo de caminho a prosseguir, de obra a criar... um objetivo enfim, ter um objetivo. Mas essas instâncias não atingem o que há de profundo em mim. O objetivo, eu o atingi em alguns minutos e novamente me parece (esperança quase sempre frustrada) que eu posso atingi-lo. Meu objetivo não depende do tempo.

E, contudo, não pude atingi-lo senão nas mais humildes condições e por um completo efeito da graça. Assim, um dia, tendo subido a pé com um amigo até Ravello, que domina o Mediterrâneo com seus palácios normandos e bizantinos, eu conheci, sem que de maneira alguma estivesse preparado, uma plenitude. Estendido de bruços sobre as lajes do terraço Cimbrone, eu me deixava penetrar pelos jogos da luz sobre os mármores. Meu espírito se perdia nos jogos desta transparência, desta resistência, depois se reencontrava por inteiro. Parecia-me assistir a esse espetáculo diante do qual se enganam todas as inteligências: a um nascimento, o meu. Um outro ser? Por que um outro? E parecia-me que eu começava somente então a *existir*.

Eu ganhei, repetia-me naquele dia (era Natal de 1924). Eu ganhei. Todo o mundo perde e em seguida tenta reaver, mas em vão. Eu, nessa hora que eu sei, neste local que eu posso dizer, eu ganhei de uma vez tudo o que podia ser ganho. Não sei se me faço entender bem: mas estou certo de que ganhei tudo de uma vez e sem nenhum mérito. Pelo mérito adquire-se todo tipo de coisas; mas num único minuto pode-se realmente?...

Eu sinto que o que eu escrevo aqui é profundamente imoral. Concorda-se em condenar as loterias. Odeia-se o acaso, organiza-se o futuro. Após esses momentos que eu contei, pode-se viver? Sobrevive-se, é tudo, esperando um novo momento imprevisível. Mas o que importa, uma vez que me aconteceu de *ganhar*? Vocês sentem bem a força desta palavra? Do zero você passa para o infinito. Eu ganhei. O que vocês falam de futuro? Mas depois, dirão vocês, recai-se no nada. – Sem dúvida, mas resta este fio sutil de luz que vos persegue até no seu sono e que vos adverte que outrora... E por que num milésimo de segundo não seria eu precipitado novamente para o fundo deste ser que me é mais interior que eu mesmo?

Flores que flutuais no mar e que se percebe no momento em que menos se pensa nisso, algas, cadáveres, gaivotas adormecidas, vós que sois rompidas com a roda da proa, ah, minhas ilhas afortunadas! Surpresas da manhã, esperanças da noite – vos reverei ainda algumas vezes? Vós sozinhas que me liberais de mim e em quem eu posso me reconhecer. Espelhos sem aço, céus sem luz, amores sem objeto.

A Ilha de Páscoa

O açougueiro dizia encolerizado:

Eu queria realmente ver aqueles porcos, entre duas e três horas da manhã virando-se no seu esterco, eu bem queria vê-los colocando a mão nas suas tripas, ah! meu fígado! ah! meu baço! ah! meu estômago! ah! minha barriga! É que eles não estão flamejantes naquela hora, senhor. De dia, eles fingem-se de *duros*... Mas quando os vemos de perna para o ar! Você sabe, os peixes que se pesca com descargas de dinamite: levantam flotilhas na água e os mais vigorosos desmaiam. Ah! eu queria realmente vê-los.

Eu não respondi, sabendo que o açougueiro se julgava perseguido. Mas ele retomou: "É que sou eu mesmo, creia-me, senhor, que vou, creia-me realmente, enfim o senhor acha que meu estado é grave?"

Nós passeávamos de madrugada ao longo de um rio. As estrelas tinham um brilho tranquilo. Eu não ousava olhar o açougueiro de frente. Por um instante, este pensamento me comoveu: eu não me atrevia a olhar este homem já perto da morte e da loucura, no entanto era eu o responsável pela sua morte e sua loucura. Todavia ele não me incomodava.

Depois de anos, ouço seu sotaque, eu revejo seu rosto amarelado pelo fígado, seus olhos tornados indiferentes diante da perda de um lápis ou de um botão de cueca, coisas tão graves para um ser em boa saúde. De madrugada, quando eu desperto nessa hora da qual ele falava, eu creio ouvir uma personagem de teatro repetir incansavelmente: "Lágrimas, lágrimas", para resumir toda a peça.

Então, eu me revoltava, negava, eu não queria admitir. Agora tampouco admito, mas eu gostaria realmente de não ser cúmplice: eu queria olhar de frente aqueles que vão morrer, já que faço parte disso. Mas nós não morremos ao mesmo tempo e há sempre especuladores.

"No matadouro", dizia ele, "imola-se os porcos em série – a mim, *eles* me deixam morrer só".

Eu sei realmente, dizia-me ele ainda, de onde veio minha doença. Eu gostava demais de ficar no café à noite com meus colegas. É o fígado que é atingido, eis tudo o que o mundo me diz. Não teria sido grande coisa se eu tivesse ido sempre com os outros, porque se fala ainda mais do que se bebe. Mas aí está: tinha prazer em ir sozinho de manhã. Eu chegava nas horas em que não havia ninguém e tomava um aperitivo no balcão. Eu não posso te dizer o prazer que isso me causava. Era antes o sentimento de que eu era livre, não uma máquina como os outros. Não vá me dizer belas frases. Quando você vai ao cinema não é para ver um documentário sobre o polo Norte.

Há outra coisa que me prejudicou e isto é talvez o pior. Eu me tornei repentinamente demasiado sensível ao que os outros pensavam de mim.

Sim, eu que na minha mocidade troçava de tudo e de todos, tornei-me tímido. Eu continuava a me aborrecer, mas no fundo eu me sentia acanhado quando pareciam me censurar. Se me tivessem resistido, isso teria me agradado, eu era capaz de romper com tudo e teria me feito bem. Mas fingiam dizer como eu, e em seguida por trás... Por que eu mudei? Eu não sei nada disso, talvez eu tenha sido sempre assim... Você vai rir de mim, você que pretende viver como te agrada e se faz de anarquista, você que gosta provavelmente de viver sozinho. Porém você é jovem. Você não vê portanto que se você defende isto, é justamente porque você sente seu ponto fraco? A mim, que estou velho, não conte patranhas. Você seria incapaz de viver dez anos nas colônias, você não poderia viver sozinho por três meses. Você adora a sociedade, busca relações, gostaria de levar uma boa vida. Só que como você é sensível, você tem medo de ser magoado pelos outros e você se enrola sobre você mesmo. Eu era como você, é disso que eu vou morrer. Eu acreditava viver para mim, e eu vivia para os outros.

Você acredita verdadeiramente que eu esteja desacreditado?

"Que ideia estranha", respondi-lhe.

Mas não havia nada a fazer. De boa fé ele se acreditava caluniado porque tinha estado um tanto comprometido num negócio de adjudicação há dez anos. Este assunto não o comovera na hora e ele encolhera os ombros diante dos ataques de seus concorrentes. Eis que dez anos depois ele se atormentava por algo que todo mundo devia ter esquecido. Eu me aborrecia em ouvi-lo voltar cem vezes sobre um assunto arquivado. Ele repetia sempre a mesma coisa, pensava eu. Eu era jovem demais para compreender que, em momentos de extrema fraqueza física, nós ficamos a tal ponto vulneráveis que uma simples lembrança infeliz pode nos levar ao suicídio. Mas como o teria sabido?

Quando eu batia à sua porta – e eu ia vê-lo frequentemente, era por simpatia? Sim, eu o creio – mas também ociosidade e gosto pela infelicidade – sua mulher vinha me abrir à porta. Era uma mulher corajosa.

Ela era a irmã de um empregado do açougue onde seu marido tinha começado, eis tudo. Eles não eram predestinados um ao outro, por certo. Mas quem é predestinado um ao outro? A açougueira falava de seu marido com amizade, e este sentimento de uma mulher para com seu marido me parecia então estranho. Eles tinham tido um filho de quem eles não falavam. Uma única vez o açougueiro fez alusão a isso. Ele falava de um sobrinho que ia se casar. "Ele terá uma mulher e filhos", me disse ele, e acrescentou: "E será a mesma coisa dentro de trinta anos ainda que ele não tivesse tido mulher nem filho". Ele tratava sua mulher com uma grande doçura.

Numa noite enevoada, eu o percebi no fundo de seu jardim, sem que ele tivesse me ouvido chegar. Ele estava enrolado num manto e deitado pela metade num sofá de vime. A madrugada descia. Sua cabeça com traços cansados fixava um ponto que eu não podia ver. Numa janela do térreo brilhava uma lâmpada que mal iluminava. Eu permaneci um momento parado e silencioso, e em seguida me retirei sem que nada tivesse revelado minha presença.

Nós passeávamos. O açougueiro que, durante sua vida, certamente não prestara atenção a paisagem nenhuma, parava longamente diante de qualquer coisa. Ele pedia às coisas um apoio que os homens lhe tinham recusado. Às vezes, sob o olhar deste homem rude, eu ouvia palpitar a terra. De manhã, ela ainda estava úmida de orvalho, à noite, ligeiros nevoeiros formavam-lhe um berço, nunca eu a via nua e despojada, passeando com meu velho amigo. Porém eu não sabia se a amargura de deixá-la um dia não era mais viva nele.

O açougueiro, um mês depois, foi obrigado a acamar-se. Fui vê-lo, seu rosto estava amarelado e inchado, seus olhos brilhavam, seu pescoço e suas mãos estavam flácidos. Com isso ele tornara-se razoável. Sentei-me à sua cabeceira. Falamos do tempo como se costuma quando não se ousa falar de outra coisa. Que paz no seu quarto! Mobiliado à antiga, tinha sua janela ao sul. Nós estávamos no outono. O sol era insinuante e quente. Vagos odores vegetais de folhas caídas e de ervas murchas chegavam até nós. Eu ainda estava na idade em que não se ama as realidades. Os passos eram amortecidos no campo pelas folhas mortas. Um ar vivo e sensível banhava a testa e as mãos. Eu não me cansava sobretudo de olhar o céu de um azul apagado tornado tão pouco espesso, semelhante a uma pétala transparente, que ele emocionava da mesma maneira que fazem os primeiros sentimentos ao sair da infância.

Subitamente, no meio de palavras insignificantes e enquanto me deixava levar pelos meus devaneios, o açougueiro colocou a mão sobre a minha e a deixou por longo tempo. Meu coração se pôs a bater precipitadamente, mantive meus olhos fixos no assoalho. Quando enfim pude sair ou, antes, evadir-me, vi seus olhos cheios de lágrimas. Eu, sem dúvida, pouco sofri posto que não creio ter vivido instantes mais dolorosos.

Acredito que sofri menos no dia em que ele me perguntou, em linguagem de criança, sobre a vida futura, a mim que "tinha feito estudos". Nesse momento, ele já ultrapassara o ponto mais dramático, uma vez que discutia com a morte e se preocupava com seu futuro. Por desespero, sem dúvida, mas enfim ele fazia perguntas, discutia as condições. Respondi frouxamente com algumas palavras de esperança, mas não devia ser convincente. Como para ele, a pergunta me parecia ser fútil. Dizem que é tão confortante crer numa vida futura! Mas eu, eu olhava obstinadamente com antolhos este acontecimento ofuscante e esmagador da morte, para aí reconduzia meu espírito incessantemente, me sentia empenhado nisso como numa escada em caracol sem fim, num corredor circular. Eu não afirmava, não negava, seguia as muralhas de minha prisão. Não sei se o açougueiro se dava realmente conta: o que tornava possíveis nossas conversas, a nós que não tínhamos nada em comum, era um pavor comum e quotidiano de morrer. A partir daí pude mudar de opinião sobre a questão, mas meu sentimento profundo, instintivo e ilógico continuou o mesmo.

Para banir este pavor, eu me lançava, então, em estudos que sabia serem completamente inúteis e lia com obstinação não importa o quê. Os museus, as bibliotecas me atraíam. Quando respirava o odor indefinível do passado, parecia-me escapar das forças cegas e formidáveis que me cercavam. Não era tanto o gosto do conhecimento quanto o terror do nada. Assim, eu tinha uma vida espiritual, mas ao contrário. Estas altas muralhas de livros, que sedução nelas! Que muralhas contra toda ameaça! Mas saindo, eu sofria de uma dor de cabeça, e sentia o coração mais seco.

Para evitar que ele me interrogasse de novo, tomei o hábito de levar ao açougueiro um livro qualquer do qual lia algumas passagens. Seus gostos não se assemelhavam quase nada aos meus. Ele não gostou de um romancista que, não obstante, falava em termos patéticos da vida e da morte. "Aí está um", dizia ele, "que deve ter seu bife cozido todos os dias". Eu lhe trouxe Suetônio (eu preparava um exame de latim). As vidas de Tibério e de Calígula encantaram-no e era sinal de que ele estava melhor. Deus sabe que atrocidades Suetônio conta. Para o açougueiro não era absolutamente um prazer de "decadente", mas um prazer muito humano e muito natural do homem em boa forma, como um deus ou uma criança se divertem com as narrativas de massacres. Vendo que se preparava para matar uma vítima sobre o altar, Calígula segura firmemente o maço e abate o imolador. Um dia ele manda matar os acusados, testemunhas, advogados de um processo, gritando: "Eles são todos também culpados" – Se fizessem seu testamento a seu favor para agradá-lo, ele mandava envenenar, dizendo que sem isto o testamento teria sido uma brincadeira. Eu desfrutava somente da cor dessas histórias das quais algumas são bem mais belas – e não via o sentido profundo disso.

"Aí estão pessoas *temerárias*", dizia o açougueiro. "Ah! Como a vida é bela! Sua leitura me fez bem".

Isso não era senão uma melhora passageira.

Se nós somos tão apegados à vida, é talvez por causa das surpresas que nos reserva nosso corpo. Nos desesperávamos em nos restabelecer e eis-nos de pé. Nós tínhamos confiança e ela se abate de repente; em seguida a esperança renasce e assim sucessivamente. O fim é sempre o mesmo, mas as peripécias são tão variadas quanto as descidas das montanhas russas. O açougueiro se queixava agora de coceiras intoleráveis. Sua pele estava em fogo apesar dos contínuos banhos. Seu moral retornara a um nível muito baixo e eu contribuíra para isso, involuntariamente, contando-lhe que eu o tinha percebido, numa noite de neblina no mês precedente, no extremo de seu jardim, sentado numa poltrona de vime, e que me retirara sem ousar incomodá-lo. "Mas eu nunca estive no jardim", exclamou ele, com uma surpreendente vivacidade, há meses. "Não é possível que você me tenha visto – ou melhor", acrescentou ele, "se você me viu, agora que eu penso nisso, é um sinal de morte para mim. Chamam isso na minha região, na Bretanha, de um *presságio*". E então ele se pôs a me citar todas as espécies de exemplos aterrorizantes de presságios que, aliás, não me lembro mais.

Acreditei distraí-lo, pegando um velho livro de viagens que se achava numa estante. Era um volume separado, das *Viagens* de Cook, onde se contava a descoberta e a exploração de numerosas ilhas do Pacífico[1].

Eu estava na descrição da ilha de Páscoa. Esta ilha não é senão um vasto sepulcro, coberto de crânios e de ossadas. Mas o que a torna fantástica são as quinhentas estátuas colossais das quais não se sabe qual povo desaparecido as executou nem o porquê. Eu ainda não ouvira falar desses ídolos desmesurados, erguidos às margens da ilha com alturas vertiginosas, e que apavoraram tanto os viajantes. O açougueiro se pôs, de repente, a delirar. "Eu as vejo, eu as vejo", gritava ele, erguendo-se sobre sua cama e seu semblante exprimia o

---

1 De onde vem a impressão de abafamento que se experimenta pensando nas ilhas? Onde se tem contudo melhor a fazer que numa ilha com o ar à vontade, o mar livre para todos os horizontes, onde se pode melhor viver na exaltação física? Mas a gente aí está "isolado" (não é a etimologia?). Uma ilha ou um homem *solitário*. Ilhas ou homens *solitários*.

terror. Dir-se-ia que ele deslizava ao longo de um poço com paredes lisas e que sozinhos emergiam, acima do poço, esses ídolos selvagens. "Eu os vejo", repetia ele, numa série de soluços.

Falo do açougueiro enquanto ele ainda tinha um assomo de conhecimento. Ele o perdeu logo, mas o resto não diz respeito a ninguém.

A Índia Imaginária

 importante não é ver a Índia tal como ela *é*, segundo os europeus ou os indianos – aliás, é uma ambição absurda. É preciso ver a Índia com a mesma opinião preconcebida com que Corneille e Barrès viram a Espanha. E é considerando a Índia como um *país imaginário* que se aproxima mais da realidade. Não queremos considerá-la diferentemente.

Obviamente é necessário ampliar os conhecimentos, saber ao menos que existe outro tipo de humanidade além daquele da Grécia e de Roma. A história antiga, por tempo demais folheada, não se compõe mais senão de imagens de Épinal*. É necessário um alimento

---

* Publicações criadas e difundidas pelo editor Jean-Charles Pellerin, a partir de 1800, na

novo (e para isso mais antigo). Que se ensine o sânscrito e o pali, que se traduza e se comente. Tudo isso é necessário. Mas não valeria a pena fazê-lo se não surgisse daí uma renovação completa semelhante àquela que a arte negra e pré-colombiana está fazendo pela nossa arte. O pensamento da Índia é, ele também, bastante *antigo* para expor algo de inteiramente *novo*.

Nem Lugar Nem Tempo

Desde que Michelet, Renan, Taine explicaram a história da França, a vida de Jesus e a literatura inglesa pelas mudanças de estações, o nível das

> cidade de Épinal, e cuja continuação se deu com seus descendentes. Feitas inicialmente em uma só prancha xilográfica, ganharam refinamento de traços e de impressão com o processo litográfico e, a partir de 1900, grande e forte colorido. As imagens referiam-se a conteúdos bastante diversos: história (inicialmente sobre acontecimentos da revolução francesa), religião, fábulas e contos (folclóricos ou autorais), jogos de adivinhação e até mesmo jogos de baralhos. Aos poucos, a expressão "imagens de Épinal" adquiriu o significado de uma representação ao mesmo tempo ingênua, esperançosa e simplória do mundo. (N. da E.)

A ÍNDIA IMAGINÁRIA

chuvas, as taras hereditárias etc., desde que Gobineau inventou as raças e que Barrès as utilizou, tornou-se difícil explicar qualquer coisa sem ter recorrido à história e à geografia. Poder-se-ia aplicar o mesmo método à Índia, se bem que não haja nada em comum entre seus povos e suas províncias: isto seria um erro ainda mais grosseiro. Gandhi, acerca disso, fala de uma maneira muito sensata (no bom sentido revolucionário).

Nietzsche escreveu em 1874, enquanto a história começava a englobar todos os conhecimentos (falava-se ainda da evolução: evolução das crenças, evolução animal, etc. meios cômodos de suprimir todos os problemas transformando o descontínuo em contínuo, que ele considera não ter necessidade de explicação), um ensaio célebre sobre "a utilidade e o inconveniente dos estudos históricos para a vida". Pergunta-se hoje se não seria oportuno escrever sobre "a utilidade e o inconveniente dos estudos geográficos para o pensamento".

Quando vem visitar Gandhi, seu compatriota Dhan Gopal Mukerji ouve-o dizer: "Nossa raça foi conduzida à meditação pelo clima"[1]. E Gandhi, que através dessa fala parece afirmar o determinismo topográfico, nega imediatamente esta conclusão precipitada: "Seria determinismo se fosse verdadeiro todas as raças vivendo sob o mesmo clima. Mas os africanos, que

---

[1] Mukerji, *Le Visage de mon frère*.

têm, creio eu, uma temperatura semelhante à nossa, não meditam. Santos homens, sentados nas grutas de neve no Himalaia meditam sobre Deus... Consequentemente, não diga que o clima faz a alma: é a alma que se aproveita do clima...".

Compreende-se o desconforto ou até mesmo a irritação de um homem como Sylvain Lévi, de formação inteiramente ocidental e de espírito positivista, quando ele dá uma visão de conjunto do espírito indiano num livro curto e bastante importante:

> A Índia [, diz ele,] não tem nem unidade de língua nem unidade de raça, mas somente unidade de crença (Dharma, Samsar e Karman). Ela não tem capital – a menos que se possa falar de Benares como "capital religiosa" – nem história, sua cronologia fantasista confunde as pesquisas. Ela não tem esse culto, tão importante para nós, dos grandes homens.
>
> Ela teve um Sankara, grande talvez como um São Francisco de Assis e como um Lutero. Que fez ela? Um herói de milagres vulgares e de torneios escolásticos, tão pálido, tão incolor, tão delicado, tão despojado de realidade que ela o leva passear, à vontade, desde os milênios que precedem o Cristo até o primeiro milênio da era cristã.
>
> A Índia concebeu um gênio excepcional... Asvaghosha poeta, músico, pregador, moralista, filósofo, autor dramático, contista, por toda parte ele inventa e por toda parte ele distingue-se. Ele evoca, na sua riqueza e na sua

variedade, Milton, Goethe, Kant e Voltaire. Mas Asvaghosha, há trinta anos, não tinha nem mesmo uma simples menção na história literária da Índia. Asvaghosha é, na sua totalidade, uma conquista da cultura ocidental[2].

Pondo de lado a satisfação do erudito que tem a consciência de ter feito descobertas importantes, compreende-se muito bem que uma tal negligência choque um filólogo. Mas como! Viver sem deixar traços de sua passagem! Alcançar vitórias e não consagrar a elas nem inscrições nem arcos de triunfo! Fundar uma instituição e não gravar placas! Não erigir monumentos aos grandes homens! Nós somos todos a este respeito mais ou menos como o erudito. Nós não compreendemos. É que se nós acreditamos morrer, nós acreditamos morrer por nós mesmos, mas não para os outros. Nosso ponto de referência é a sociedade, não é o Absoluto.

Quando respondem aos europeus, os hindus têm uma posição falsa. Eles se mantêm firmes sobre os princípios de sua religião, mas não deixam de criticar as aplicações. Lajpat Rai se mostra frequentemente constrangido. Assim o sistema de castas, segundo ele, não é senão uma "sobrevivência" da Idade Média da qual ele só faria classificar as corporações, mas é um

2 Sylvain Lévi, *L'Inde et le monde*.

sistema que deve desaparecer. Conviria mais ver os hindus manterem suas posições com intransigência ou abandoná-las completamente. Compreende-se que um determinado espírito, formado por uma determinada civilização, se interesse pouco pelos nossos problemas; o importante para ele é que a sociedade na qual vive não o impeça de meditar. Se não for assim, por que procurar justificá-lo atualmente?

A Índia e a Grécia

Esta, seca e tensa como uma ilha desértica. Os combates de cidade a cidade, de família a família, de homem a homem, aí têm as opiniões as mais precisas e as mais significativas do mundo. – Aquela, indolente e indeterminada: o encantamento da floresta virgem. De início se é seduzido por uma melodia tão discreta e contínua que envolve todos os seres na mesma carícia, que faz com que do vegetal ao homem a progressão seja insensível e que a vida universal a todo instante se reflita em cada ser como num espelho, esta melodia que dentre todos os europeus que foram à Índia, somente Bonsels ouviu e soube exprimir. Não se consegue sucumbir a este contágio de ternura que nos comunica os sons, as cores e os perfumes de uma vegetação e de uma fauna exuberantes.

Os templos, os afrescos das grutas, os palácios confundem por sua magnificência. Sente-se perdido num oceano de riqueza e de doçura. Mas logo se lamenta um acento mais viril e mais decidido. No lugar dessas mãos fracas estendidas, gostaríamos de ver um punho cerrado. A Índia não conheceu esta maturação. Ela representa, aos nossos olhos, uma perpétua infância, e do homem pode-se dizer que ele não atingiu sua medida.

Mas o que importa? Nós já temos o suficiente de Sansões, Prometeus, Escravos de Michelangelo, Zaratustras. A revolta e o heroísmo são o único caminho aberto ao homem.

A literatura dá a impressão de uma tranquilidade que parece adquirida antes de um combate interior e aparenta nada dever à força da alma. As duas epopeias indianas estão cheias de cenas familiares e de traços encantadores, mas é difícil a um leitor europeu achar aí um patético bastante verossímil para ele. Do mesmo modo para *Sakountala*, que admiravam tanto Goethe e Schlegel. A história de Sita, um dos mais bonitos episódios do *Râmâyana*, é comovente; mas como tudo isso é de um encadeamento impreciso!

Os adeuses de Heitor a Andrômaco não tomam senão duas páginas da *Ilíada*, mas são desprovidos deste sentimentalismo enfadonho que nos estraga as cenas de amor da literatura sânscrita. Dir-se-ia que esta não conheceu, após um período mitológico, aquele dos *Vedas*, tão desprovido de sentido para nós quanto o dos *Eddas* escandinavos, senão um período alexandrino, o que começa pelo *Mahabharata* e o *Râmâyana* e se prolonga até nossos dias, agonizando há cinco séculos. Tagore é hoje seu representante: é água de rosa.

"Nossa arte", diz Mukerji,

> é essencialmente simbólica; ela revela um esforço circunspecto feito para enfeia-la; em consequência, onde você for na Índia você verá a beleza desfigurada por símbolos. Porque a beleza não é suficiente. A beleza é um alimento pobre demais para que o homem viva dela; por toda parte onde nós a encontramos, nós a destruímos marcando-a com o ferro vermelho da santidade... O apogeu da arte é reduzir a arte ao nada.

Do mesmo modo "nossa Religião não tem dogmas, mas ela tem um ritual que serve para dois fins: ele exercita a alma e por meio do simbolismo ele a conduz a uma experiência espiritual".

Por que Siva tem vários braços? É porque ele não representa um homem nem mesmo um deus (concebido necessariamente mais ou menos sob as aparências de um homem); é porque ele simboliza o Transformar. Não é compreensível senão na situação de símbolo. Por que exercícios de respiração? É a fim de exercitar a alma a se perder no seio do Absoluto. Não se trata de aderir a um ou outro artigo de fé.

Um viajante me dizia:

Eu tinha visto até aqui um grande número de países, mas a Índia ainda não, e eu pensava que seria um país ainda mais acessível que a China. De modo algum. Eu ainda não vi nenhum em que eu estivesse mais desorientado. Nada aí me era familiar. Que ponto de contato ter com pessoas que consideram um aperto de mão como uma sujeira, que passam seu tempo a se purificar, que têm cultos estranhos? Jamais eu me senti mais estrangeiro no meio de nenhum outro povo.

Aí está realmente a palavra enfática a ponto de ser confessada: *desumanidade*. A Índia, país desumano. Um homem neste país não equivale a um outro. Certos homens são humilhados e reduzidos ao estado de animais. Outros, que aprenderam fórmulas, reverenciados como deuses. Potentados reinam sem controle. As exações não são raras. Eis o que são os hindus, entre eles. Porque eles foram oprimidos não é necessário desconhecer o que eles são. Povo desumano, povo *fora* da humanidade.

O próprio aparelho social, a divisão em castas, os ritos complicados, tudo o que paralisa e destrói o indivíduo sob a sociedade e o homem sob a religião, tudo o que é o contrário de nossa civilização grega e cristã, tudo aquilo que nos repugna, e que me repugna, que faz com que eu não possa pensar sem medo que eu poderia ter nascido hindu, tudo aquilo me parece entusiasmante quando eu penso que é uma *máquina* necessária para liberar o espírito de seus laços os mais caros – (aqui estão os entraves) – para ajudá-lo a atirar-se fora da razão.

Os *Exercícios Espirituais* de Inácio de Loiola, que são eles comparados aos dos Iogues? Os cartuxos conhecem as castas? Uma religião tão formalista, uma sociedade tão fechada e tão dura, eis o reverso pelo qual a Índia se apresenta aos europeus, e que a torna tão antipática e tão *estrangeira*. Mas em que trecho de obra? Nietzsche diz: "Dançar com correntes". Que significaria uma pressão tão forte se ela acarretasse uma liberação equivalente?

Pascal não quer senão conhecer e adorar o Deus de Abraão, de Isaac e de Jacó. *Não o Deus dos filósofos.* Conduza este Deus dos filósofos ao seu limite, você tem o Deus da Índia. O pensamento mais impessoal já é para ele uma *manifestação*. No interior dele mesmo não é mais isso nem aquilo: puro e indeterminado. É pensando nele que Pascal diz ainda: "O silêncio desses espaços infinitos me apavora". Entre o homem e aquele Ser existem realmente espaços...

No *Górgias*, Sócrates condena a política de Péricles. E por qual motivo? Péricles deu à cidade um porto, uma frota, muralhas e arsenais. Sócrates objeta: a política de Péricles tornou melhor os cidadãos? Não, reconhece Gorgias. Sócrates então condena Péricles, sempre estando pronto a reconhecer que o chefe de Estado embelezou e enriqueceu Atenas. Que importam a fortuna e a beleza ao preço da riqueza interior?

Os hindus exageraram sobre Sócrates. Este tinha cuidado da moral. Eles não se interessam senão ao que um ocidental chamaria "sonhos". Rejeitando deliberadamente as coisas deste mundo, eles não querem que lhes fale de ambição, nem de reforma. Com muito gosto um brâmane diria que "a política não vale uma hora de pesar". Para ele a política não é nem mesmo um ofício inferior, é uma ocupação ruim visto que ela desvia o homem de sua única finalidade que é a cultura espiritual. "O que nos importa", dizia um deles a um viajante, "que nós sejamos governados por nós mesmos, ou pelos ingleses, ou por algum outro, contanto que sejamos governados? É preciso que alguém se encarregue da casa; mas posto que alguém se ocupa disso, repousemos". Aliás, a Índia foi conquistada alternadamente pelos povos os mais diferentes e todos esses povos foram absorvidos ao final de certo tempo pela civilização bramânica. Em todo caso ela não professou nenhum patriotismo e não desejou nenhuma conquista.

O humanismo é uma invenção helênica, faz notar Sylvain Lévi. Entre a cidade e a casta, nenhuma medida comum. A cidade é regida por uma lei que exprime uma vontade geral e humana; a casta, por uma lei religiosa vinda do alto, e que varia infinitamente segundo as castas. O grego diviniza o homem nos seus limites e assim não perde contato com o Absoluto; indo mais longe, o europeu atual exalta o homem no que ele tem de comum com todos os homens e passa do humanismo ao humanitarismo. Mas um e outro são incompreensíveis ao hindu enclausurado na sua casta e que não se preocupa em atingir outra coisa senão pelo aprofundamento e não pela extensão de seu ser. Daí a marca característica da Índia. Ela sempre se afastou de toda influência, mesmo tendo sido conquistada. Ela teve uma ambição e uma única: excluir-se do mundo. Absorvida no seu sonho (insensato para um ocidental e estéril) ela permanece inabalável, menosprezando a vida humana que, para ela, é somente um voo de mosquitos varridos pelo vento.

Imagina-se o espanto que devem ter experimentado os gregos da armada de Alexandre quando eles se aproximaram do rio Indo. Nada lhes era mais inadequado. Digamos melhor, já que eles tinham sabido por um percurso inesquecível fazer de sua medida a medida dos homens, que nada era mais de acordo com a medida humana, como para um europeu chegando hoje a

Nova York. Desta esquadra fazia parte um certo Pirro. Vendo os ginosofistas se entregarem a exercícios insensatos para ele, sua razão sofreu um choque que o induziu a duvidar disso. E seu ascetismo não vem ele também daí? – Um sopro vindo da Índia incha *além do limite* o pensamento grego de Diógenes a Plotino. Como é interessante a vida de Apolônio de Tyane, esse faquir greco--indiano! Mas verdadeiramente nada seria pior que tentar conciliar oposições tão formais. O budismo o tentou em Bactriane. A arte greco-búdica é encantadora, as questões do rei Menandro a um monge que quer convertê-lo (Milindapanha) são uma obra extremamente espiritual, mas essas alianças não têm senão resultados heterogêneos. O espírito grego atenua aí sua influência, o espírito indiano aí perde seu ritmo.

A Iluminação

Plotino distingue duas mortes: a morte natural e a morte filosófica, que pode preceder a morte natural. A morte filosófica é o objetivo do hindu. Pouco importa, portanto, a obra, visto que só a direção do espírito conta. Um vínculo é rompido com o real, um outro é lançado com um outro mundo. Imaginemos este desprezo progressivo daquilo que se denomina mundo, em seguida esta supressão do par eterno que é a vida e a morte e enfim a luz.

Com que emoção, por um brusco desvio do espírito, ele não vê *Aquilo*? Nem esta coisa nem esta outra coisa. Nem ele mesmo nem um outro. Não seres distintos. Não aquele que lhe causa inveja nem aquele que ele despreza. Não o objeto de seus desejos ou de seus ódios, um objeto sensível. Não alguma coisa que esteja próxima do coração. Não alguma coisa que ele possa enunciar. *Aquilo*. Ele se volta e ao mesmo tempo vê *Aquilo*. Aquilo do qual ele sente bruscamente e como por efusão e que ele acompanha noite e dia: e que vela junto de tudo o que nasce e que morre. Mas qual é seu aspecto? Que me diz ele? Nada nem Ninguém. Mas então você não é nada nem ninguém. Não, você é Aquilo. Permanente através da impermanência, presente na ausência, espalhado no vazio. Eu não tenho que compreender, eu só tenho que tocar. Se eu lhe escapo, posso esquecê-lo? E, de agora em diante, posso fugir dele? Sinto falta dele, mas ele não sente minha falta. O mundo é o espetáculo a que ele se entrega e eu, eu creio na verdade das cenas, na realidade dos atores. O mundo me considera ausente no único momento em que estou desperto. Um leve movimento do ser, como de uma cabeça que se inclina sobre um ombro e eis que o mundo se desvanece e que ele aparece, ele, o suporte do mundo. Mas, além disso, não posso eu ir ter com ele mais diretamente? Se eu me inclino sobre o mais profundo de mim, eu cesso de existir, eu não sou mais eu. – Nem um outro. – Eu sou Aquilo. Meus pensamentos e meus desejos mais secretos não são senão fantasmagorias ao preço daquele que as suscita. – Se eu durmo, eu me aproximo Daquilo, se eu morro, eu tendo a me confundir com ele. Nele eu caio, como uma pedra cai no fundo de um poço.

Palavras de um hindu: "O que conta não é fazer a volta do Universo, é fazer a volta do centro do Universo..." – "Não se escreve a história de um sonho, desperta-se dele[3]".

O que nos impressiona no espírito da Índia (e para nós a palavra Índia é certamente um símbolo) é sua adoração da unidade e sua indiferença ao homem.

A Índia Segundo
os Psiquiatras

A demência precoce tem por sintoma principal o *desinteresse*:

Enquanto no adolescente se desenvolvem as grandes esperanças, as preocupações do futuro individual e social, o

3 Mukerji, *Brahmane et Paria*.

doente torna-se pouco a pouco indiferente à sua situação. Os estudos aborrecem-no, os jogos e o esporte não o apaixonam mais, a natureza torna-se apagada e cinzenta, e os grandes acontecimentos são acolhidos com frieza como se eles pertencessem à história antiga.

Consequências: inércia.

"Os doentes permanecem imóveis durante dias numa atitude de estátua egípcia ou de faquir".

– Enfraquecimento dos sentimentos afetivos:

"O anúncio de uma infelicidade é acolhido tranquilamente ou mesmo com ironia".

– Ambivalência:

"Todo pensamento é sem valor e por consequência igual em indiferença a seu contrário: $+O = -O$".

– Sentimento penoso de estranheza interior:

Ex.: "Eu tenho nirvanismo, nós falamos juntos, mas aquilo me parece irreal, eu estou fora de todo pensamento humano. Meu pensamento é ilusório; ele me mantém estrangeiro etc."[4]

---

4 Dide e Guiraud, *Psychiatrie*.

Valor do Conhecimento

Um ocidental (e por ocidental eu entendo uma espécie de espírito que eu defino por aquilo que ele pensa e não pelo lugar em que ele mora) tem cada vez mais confiança apenas na sua orelha, no seu olho, na sua mão e em todos os meios que aumentam muito seu alcance e seu poder: instrumentos e raciocínios. Demonstre a eles que eles podem enganá-lo, e ele cai no ceticismo. O único modo de reerguê-lo é mostrar-lhe no espírito humano categorias que, se tornam a ciência relativa, tornam-na, apesar disso, certa, posto que essas categorias existem em todos os espíritos. (É o que fez Kant. – Mas Kant não crê que nós possamos atingir o Absoluto). Na Índia, Sankara afirma, ele também, categorias: mas o único fato de que existe uma basta para ele tachar de nulidade o conhecimento do mundo sensível; e o único fato que, quando pensamos o absoluto, nós nos permitimos que toda categoria basta para tornar este conhecimento válido e o único certo.

Esta oposição radical me encanta. É necessário escolher entre o mundo e Deus. Não se pode ir ao mundo senão pelo mundo e a Deus por meio de Deus.

Incompreensível. Como admitir que nossa personalidade à qual atribuímos uma existência independente de nossas ações não seja senão o simples produto de nossas ações? Que nós já nascíamos com um passado? Que cada acontecimento não somente comanda nosso ser, mas o compõe? Que o *fieri* [vir a ser] seja anterior ao *esse* [ser]?

Como se assimilar um pensamento que, não somente não remete ao meio do fluxo universal nenhuma importância à morte, mas considera os nascimentos de tal maneira naturais e necessários que a grande questão seja escapar disso? É-nos necessária a fé para crer numa sobrevivência, é-lhes necessária a fé para crer numa extinção da vida.

Pascal: "Uma pazada de terra por cima da cabeça, e eis-nos para sempre..."

O budista Nâgasena: "Um ser nasce nesta terra e aí morre; morto aqui, ele renasce em outro lugar e aí morre etc.".

Meu amigo Cornélius, como passeávamos numa rua de Benares, me perguntava se eu estava feliz de ter enfim visto a Índia. Ele não compreendia que me foi indiferente conhecer a terra da indiferença. (Lembremos que *Cornélius* e *Eu* são personagens imaginários).

CORNÉLIUS – Homens levam aqui o ascetismo à loucura, outros se tornam doentes graças aos excessos.

(Algumas vezes são os mesmos homens). Eles vivem como animais ou loucos.

EU – Entre a eternidade e o tempo eles sentem realmente que não existe uma medida comum.

CORNÉLIUS – Um grego, um cristão sabem todavia verdadeiramente o lugar do homem. Entre a embriaguez da vida múltipla e a insensibilidade do pensamento uno, eles administraram todas as espécies de etapas. Entre o Ser e o Evoluir eles encontraram uma *fórmula de união*.

EU – Não há uma verdade senão o teocêntrico (para um homem único).

CORNÉLIUS – Mas enfim, desse culto da vaca da qual se come os excrementos e da qual se bebe a urina, esses sacrifícios de cabras, esses autos de fé de viúvas: esses casamentos de crianças.

– Cale-se, lhe dizia eu. Escute: você não ouve Rimbaud queixar-se de Charleville?

O homem de maneira alguma respeitado. É isto que é preciso, não é? A melhor parte do homem sendo o que o faz fugir dele mesmo... Pela violência, pela força, pela astúcia, por instituições absurdas e pressões intoleráveis, faz-se surgir dele sua divindade.

A Realização

CORNÉLIUS – Este *Absoluto* do qual nós falamos, que faz a glória da Índia a seus olhos, você acredita que nós o procuramos na Europa? A Índia sacrifica tudo nisso, diz você: arte, ciência, história, humanidade. E nós não sacrificamos nada nisso e o tomamos, apesar disso, por objetivo.

EU – Mas eles *realizaram-no*. Eles incorporaram-no, o absoluto se encarnou neles, tornou-se sua carne e seu sangue, sua vida de todos os momentos. Olha a distância entre Aristóteles e seu Deus. Entre os cristãos, os judeus, os muçulmanos e seu Deus. Eles contemplam todo o Absoluto pela sua inteligência. Você sabe as belas palavras de Plotino sobre a eminente superioridade da contemplação. Nós somos todos de sua opinião – e quando por acaso não o somos, caímos no mais vil dos pragmatismos, esta filosofia de contrabando. A Índia está extremamente *interessada*, mas para além de nosso desinteresse. A comunhão, a encarnação, a redenção, mistérios para nós – às vezes loucuras – e para eles: realidades quotidianas, evidências flagrantes.

Mukerji conta, no seu último livro, que ele perguntou ingenuamente a Gandhi por que Wilson não tinha conseguido realizar seus quatorze pontos, e então Gandhi lhe perguntou "se este homem meditara um dia sobre cada um desses pontos, se ele jejuara e tinha orado a Deus tempo suficiente para colocar em cada um uma vida imortal?"

Trata-se aqui de *expressão completa*, total da ideia pelo ser – esta expressão cujo pragmatismo nos oferece no Ocidente uma contrafacção que é um contrassenso (a atitude cria a ideia). E esta expressão total, ideal dos Antigos (Sócrates evitando fugir de sua prisão e a morte, Alexandre bebendo a droga que lhe oferece seu médico), se bem que eles fossem envolvidos nos limites da sabedoria e não da santidade, da meditação e não da iluminação, esta expressão total nos é hoje de tal modo estranha que nós chegamos até a desprezar esta expressão incompleta (mas tão importante para a arte) da linguagem. (Quando se diz: não é preciso fazer literatura; – isto quer dizer: as ideias não têm necessidade de nenhuma realização, de nenhuma expressão – tomando assim o ponto de partida pelo ponto de chegada).

Sob esse ponto de vista, quanto é carregada de sentido esta simples frase de Proust:

"Talvez seja, de preferência, a qualidade da linguagem que no gênero de estética se pode julgar o nível ao qual foi levado o trabalho intelectual e moral".

Quem disse que o homem não pode mudar? Ele passou seu tempo mudando: o santo cristão não se assemelha ao sábio antigo nem ao cidadão moderno. Os russos tentam criar um *novo homem*.

Como denominar a revolução intelectual desencadeada pela Índia? Um irrealismo. É preciso primeiramente se desumanizar, em seguida afastar-se do mundo. A vida dos animais no que ela se distancia da vida humana – o mundo no que tem de incoerente – de *resistente* à inteligência, tudo o que é fora dos padrões. Isto não significa de maneira nenhuma que se deva tender à incoerência. Os próprios surrealistas, sempre pensando no escândalo necessário, não o consideram como um objetivo. A unidade não pode se contradizer. Mas como é preciso evitar designá-la para não confundi-la num sistema, convém mais chamar esta visão espiritual da qual falamos: acosmismo ou irrealismo.

Pouco importa que o termo da pesquisa seja o "Ser" ou o "Nada". Em primeiro lugar, não há pesquisa visto que o objeto é encontrado a cada instante, que o real é substituído na verdade como um fato a uma relação de fatos. Talvez um ocidental seria menos hipócrita se falasse do Nada. E, contudo, se o sentimento de felicidade é indício do Ser, então sim, o Ser existe. Basta deixar-se *distrair* um milésimo de segundo. A cadeia é rompida.

Como os românticos de 1830 eram mais felizes que os românticos atuais! Bastava-lhes mudar de país para estarem desorientados. (Apenas Nerval e Novalis são exceções). Hoje se quer suprimir a razão, ultrapassar os limites da vida. Só falta a este novo romantismo uma direção.

A vida dos animais que têm sentimentos distantes dos nossos é instrutiva. Que podem nos ensinar os cães e os pássaros? Porém, em contrapartida, os gatos e os macacos... Eles nos preparam para o grande salto.

POST-SCRIPTA

Dias Extintos

O 6 de fevereiro evoca, em todas as memórias, um episódio político de 1934. E eu, o que eu pensava do 6 de fevereiro naquele ano? Que era simplesmente meu aniversário, e que eu tinha, nesse dia, um ano a mais. Um ano a mais, isto é, um ano a menos para viver. Nesse dia de aniversário, eu também me reservava um vazio que consistia em me abster de toda ação, de todo pensamento, de toda comunicação e mesmo de toda distração (portanto não eram "férias"); eu procurava afastar-me de tudo, eu queria interromper o tempo. Não era visando nem uma retomada, nem um preparativo. O passado estava bem morto, o futuro não tinha forma. O presente, que sempre foge e não se define mesmo senão por aí, não poderia ter-se tornado excepcionalmente fixo como essas vagas que o óleo transforma em ondulações? Para mim, não se tratava de me "recolher": o recolhimento implica uma vida que prossegue num outro terreno que não o deste mundo, ainda é uma vida, com progressões, quedas, uma direção, que sei eu. Eu aspirava antes me destruir; entendamos sob este termo ambicioso, em me fazer esquecer.

Eu deveria, para ser coerente, apelar para o sono. O devaneio tinha um encanto maior. Entre o sono e a vigília, este estado crepuscular livrava da sucessão tirânica sem fazer perder a consciência feliz de aí escapar; ele não apaga os dias, ele os embaralha como o jogador tira as cartas antes de começar um "passatempo". Mas é neste momento o triunfo! pensava eu; e é um prazer mais que humano poder fazer cruzar o voo dos pássaros da manhã e o voo dos pássaros da noite. Os outros homens hoje estão inclinados sobre sua agenda (etimologicamente: as coisas que devem ser feitas por eles), e eu... nada, a página em branco, e não somente hoje que ela está integralmente em branco; muitas páginas quase em branco na minha vida. O maior luxo é, com uma vida que te é oferecida gratuitamente, usá-la com a mesma prodigalidade que a do doador, e não transformar em objeto de interesse local algo de um preço infinito.

Este pensamento, que aqui formulo tal como o posso reconstituir, este pensamento ímpio era mais impalpável. Ele se dissolvia no sol do Mediterrâneo. Os seis de fevereiro que passei em Argel, eu ia ao alto da casa olhar o mar. Uma grande calma... sim, mesmo se fizesse tempo ruim, uma grande calma. "Veja esta bandeira que estala com o vento", dizem os monges tibetanos ao candidato à iniciação, "é a bandeira que se agita ou o vento?" É necessário responder: "não é nem a bandeira, nem o vento, é o espírito". E naquele dia meu espírito não estava agitado por nada daquilo que habitualmente o atormentava: a sujeição a um trabalho que degenerava em rotina, a impossibilidade de comunicar-se com outros homens, a incompreensão recíproca desses povos aqui reunidos e que deveriam ter reconhecido suas forças numa fé preferencialmente a uma luta – tantas tristezas para um egoísta que não usufruía da vida senão ele se ressentia que os outros não estavam excluídos de uma certa qualidade de satisfação.

Porém naquele dia, que calma! Atento a um batimento monótono, eu me deixava guiar por ele, como um piloto privado de seus meios deposita sua confiança nas ondas que lhe são enviadas. Eu ia, ia sempre. Não era portanto como eu o escrevia há pouco, uma caminhada em direção ao nada, já que eu seguia um fio que me sustinha, uma vez que os tabuleiros rosas e brancos da casa, as fachadas azuis que me cercavam, os cubos das casas europeias, o paralelepípedo do colégio que se estendia abaixo de mim, o braço recurvado do Almirantado e o azul às vezes índigo do mar, faziam-me participar de sua existência, e que esta existência por mais que me parecesse ilusória, não o era mais do que a minha, nem menos; de modo que desprovidos uns e outros de todo apoio, mas sustentando-nos uns aos outros, deixando passar nossa vida a cada instante através de nossas feridas, mas permutando nosso sangue, nós provávamos secretamente a Unidade que faz ser o que, reduzido a si mesmo, não é.

Eu não tinha certamente chegado inicialmente a esta coesão, que só se obtém com esforços e com os anos. Na minha primeira viagem, um sofrimento imaginário me fez pensar em voltar logo. Eu fiz todavia, para experimentar, e como o faz o prisioneiro da cela onde ele foi encarcerado, o trajeto do centro à periferia. Ruas estreitas, casa altas, ar sufocante. Eu estava longe, eu estava enclausurado. Longe do quê, enclausurado onde? Mais tarde, tendo deixado penetrar raízes em volta de mim, pus-me a amar o que eu tinha desejado em seguida para não mais me distinguir daquilo que eu amava. Eu estou confuso com a ideia do trabalho subterrâneo, que me foi necessário para tornar-me, enfim, bem-aventurado, uma coisa próxima de todas as outras, confuso com a lembrança sempre presente de minha dilaceração e de minha nostalgia. Tornar-se próximo... eu só posso pela reprodução quotidiana das árvores, do céu, dos animais, dos leitos e das mesas, por constantes físicas e naturais. Próximo, um outro pode sê-lo pelo único apego espiritual, se é verdade que nós carregamos dentro de nós mesmos alguém que nos segue por toda parte; mas, mais fraco, eu não posso estar próximo senão como a boca de um morto está próxima da terra.

As Ilhas Borromeu

O amor pelo mais distante...

ZARATUSTRA

 preciso dizê-lo? É preciso confessá-lo? Instalado num país do Norte, a vida me foi pesada e sem poesia; sem poesia, eu quero dizer sem esta surpresa que faz com que a cada instante se descubra uma visão nova naquilo que é perfeitamente monótono. E eu, eu descobria uma visão monótona naquilo que para mim era novo...

Eu me voltava em direção àquilo que podia mais me reatar à natureza: aos animais que passavam na rua (os cavalos e os cachorros), às árvores – havia bem poucas – enfim até às plantas que avançam atrás das vitrinas dos floristas. Que espanto o dia em que vi o letreiro de um deles: "Às ilhas Borromeu!"

Vocês imaginam como nesta cidade de céu sombrio, de calçadas sujas, casas cinzentas, este letreiro podia destoar. Este contraste me fazia sofrer: eu revia as três ilhas que o lago Maior banha: a ilha mãe, a ilha dos pescadores, a ilha de beleza, as palmeiras, as laranjeiras, os limoeiros e as árvores de todas as espécies que as coroam. Era uma visão de paraíso terrestre... O céu se abria para mim, que estava no limbo. Eu respirava o ar carregado das flores de mimosas, glicínias e rosas, este ar demasiado pesado no qual voam os pombos e as pombas de Isola Bella. Eu experimentava esta felicidade física da qual hoje todos os homens dizem que têm vergonha, e da qual, contudo, procuram assegurar-se, até matando os outros. Esta felicidade física que representa, para aqueles que não podem conhecer outras, o equivalente ao dom, ao gênio e à graça: algo de natural e de irresistível.

Por muito tempo, não procurei saber o porquê do letreiro. Bastava-me sonhar com aquilo que ele evocava. Via nisso um apelo do *mais distante*, como a sedução da miragem. Pensava que o florista cedera a um sonho imperioso. E então, um dia, o conheci. Este título demasiado pomposo para uma humilde loja, disse-me ele, fora escolhido por seu predecessor, uma mulher que laços pessoais uniam a um diplomata italiano. Assim, essas *ilhas* não eram, portanto, o ideal de um Dom Quixote do Norte, o paraíso artificial de um burguês das brumas, mas o mais direto testemunho de um sentimento quotidiano. Isto me pareceu ser um aviso. Era-me necessário dizer adeus ao mais distante; era-me necessário procurar refúgio no mais próximo. Para que viajar? As montanhas se sucedem às montanhas, as planícies às planícies e os desertos aos desertos. Eu jamais terminaria com isso e jamais encontraria minha Dulcineia. Restrinjamos, portanto, como diz o outro, uma longa esperança num breve espaço. Visto que me é impossível viver ao longo dos cascalhos e das balustradas do lago Maior, que eu possa encontrar-lhes gloriosos substitutos!

O que mais então? Bem, parece-me que, por toda parte onde estiverem, o sol, o mar e as flores serão para mim as ilhas Borromeu; que um muro de pedras secas, defesa tão frágil e tão humana bastará sempre para me isolar, e dois ciprestes na entrada de uma casa de campo para me acolher... Um aperto de mão, um sinal de inteligência, um olhar... Eis quais serão – tão próximas, tão cruelmente próximas – minhas ilhas Borromeu.

Posfácio
[por volta de 1959]

Relidas trinta anos após sua primeira publicação, *As Ilhas* (isto é, as Solidões) respondem realmente à imagem que propunha o autor no seu prefácio. Aí não é questão de realidades, todavia reconhecidas por ele como a fé, a piedade e o amor; ele não faz alusão às doutrinas úteis ao homem. Este é considerado numa total miséria, ele é imaginado, como o fazia Pascal com pavor, abandonado numa ilha deserta.

Só a luz, a plena luz, aquela do meio-dia, transforma paisagens que sem ela estariam desoladas.

A esta luz natural, eu gostaria hoje de acrescentar uma outra, ainda após Pascal que, depois de ter descrito "a miséria do homem sem Deus" fala "da grandeza do homem com Deus".   [JEAN GRENIER]

Este livro foi impresso em setembro de 2009,
nas oficinas da Yangraf Gráfica e Editora Ltda., em São Paulo,
para a Editora Pespectiva S.A.